DICKINSON COLLEGE COMMENTARIES

General Editors

Christopher Francese
Asbury J. Clarke Professor of Classical Studies, Dickinson College

Bret Mulligan
Associate Professor of Classics, Haverford College

Eric Casey
Latin Teacher, Trinity School, New York City

Ariana Traill
Associate Professor of Classics, University of Illinois at Urbana-Champaign

John Gruber-Miller
Edwin R. and Mary E. Mason Professor of Languages, Cornell College

William Turpin
Professor of Classics and Scheuer Family Chair of Humanities, Swarthmore College

---

Dickinson College Commentaries publishes peer-reviewed annotated editions for readers of Latin and Ancient Greek. The series exists in both print and digital forms and aims to be responsive to the needs of readers, teachers, and students. Along with annotated editions DCC publishes Ancient Greek and Latin grammars and vocabularies, including the *Core Latin and Ancient Greek Vocabularies*, and running non-core vocabularies on each text. The online commentaries incorporate audio recordings, video elements, annotated images, and interactive and static maps. The series is supported by the Roberts Fund for Classical Studies at Dickinson College.

Against Neaira

Deborah Kamen
Professor of Classics at the University of Washington

Dickinson College Commentaries
Dickinson College
Carlisle, Pennsylvania

Copyright © 2021, Deborah Kamen

ISBN 978-1-947822-15-3

Dickinson College Commentaries 2021
www.dcc.dickinson.edu

Cover image: Gold ring with intaglio of a naked woman, Greek, ca. 400–380 BCE, 2 cm x 1.4 cm, ring hammered out of solid gold. Metropolitan Museum of Art, accession number 06.1124. Image source: Metropolitan Museum, in the public domain.

Table of Contents

Introduction 1

Greek Text 7

Notes... 31

Vocabulary... 101

Introduction

PREFACE

Pseudo-Demosthenes' *Against Neaira* ([Dem.] 59) is in many ways an ideal text for undergraduates: not only does it shed light on key aspects of Greek social and cultural life, but its prose is eminently readable for students in third- or fourth-year Greek. (In fact, I've taught it a number of times to undergraduates—as well as graduate students—at the University of Washington.) It is all the more surprising, then, that no undergraduate-level commentary has existed until now. Alice Patteson's *Commentary on [Demosthenes] LIX: Against Neaira* (1978), a difficult-to-access dissertation, provides insights into legal and historical issues, but does not explain points of grammar. The notes of Christopher Carey's *Apollodoros Against Neaira [Demosthenes 59]* (1992; now out of print) are keyed to his translation of the text, rather than to the Greek, and therefore do not offer any grammatical assistance. And Konstantinos Kapparis' excellent *Apollodoros "Against Neaira" [D. 59]* (1999), while it does provide some grammatical guidance, primarily explains textual issues and historical context and is pitched at an audience of advanced graduate students and scholars. This commentary, by contrast, explicitly seeks to anticipate the types of questions undergraduates might have.

The Greek text is that of William Rennie's 1931 Oxford Classical Text (OCT) of Demosthenes. In the notes, I indicate places where Mervin R. Dilts makes significant changes in his 2009 OCT.

I am very grateful to Profs. Bret Mulligan and Christopher Francese for helping me put together this commentary, and to Prof. Naomi Campa for giving it a test-run with her Greek students at Oberlin College. All of their suggestions and edits were invaluable.

INTRODUCTION

Orators (ῥήτορες) played a key role in classical Athens, delivering forensic speeches in the lawcourts, deliberative speeches in the Assembly, and epideictic ("display") speeches in a number of other public contexts. Of the many public speakers who were active during this period, however, the speeches of only ten were collected by scholars in Alexandria in the third century BCE. These ten are the canonical "Attic orators" (i.e., public speakers active in Athens), the most prominent of whom was Demosthenes (384–322 BCE). Within the corpus of Demosthenes' work have been preserved a number of spurious speeches (i.e., speeches thought not to be genuinely his, but written in his style and purporting to be by him), one of which is the speech *Against Neaira*. Like many of the other spurious Demosthenic speeches, it was written by a man named Apollodoros, the son of a wealthy freed slave and a contemporary of Demosthenes. Like Demosthenes, he too opposed the growing power of King Philip II of Macedon over Greece.

Introduction

Some basics about the Athenian legal system are necessary to understand *Against Neaira*. Athenian court cases fall into two main categories: δίκαι and γραφαί. Whereas a δίκη was brought by the injured party himself against his offender (i.e., for a "private" offense), a γραφή could be brought by anyone who wished against someone who had committed a "public" offense—that is, an offense in which the community's interests were somehow at stake. Before a case came to trial (regardless of whether it was a δίκη or a γραφή), the litigants appeared before a magistrate for a preliminary hearing (ἀνάκρισις) at which evidence was presented. If the matter could not be settled through arbitration, the case proceeded to a jury trial. Forensic speeches like *Against Neaira* were usually heard in one of the people's courts (δικαστήρια) of Athens, to which mass juries were assigned through a random drawing. Generally, there were 201 jurors for δίκαι, and 501 (though sometimes 1001, 1501, or even larger) for γραφαί. Any male citizen, rich or poor, could serve on a jury, provided that he was over thirty and had not been stripped of any of his citizen rights (e.g., for being a state debtor).

In the Athenian legal system, there were no lawyers. The accuser and defendant each spoke on their own behalf, though they could hire a speech writer (λογογράφος) and/or rely on a co-pleader (συνήγορος) to help deliver the speech. Both parties were given a fixed amount of time, measured by a water-clock (κλέψυδρα), to deliver their respective speeches. The accuser spoke first, then the defendant. In δίκαι, each party gave two speeches (though the second was more like closing arguments); in γραφαί, each party gave one (long) speech. Immediately after the speeches, the jurors voted by secret ballot, and a simple majority won.

The background for *Against Neaira* is a bit complicated. In 348 BCE, Apollodoros had proposed a decree that the city's administrative surplus be put to military use against Philip II (the other option was using it to fund public entertainment). The Assembly approved his decree, but a man named Stephanos then blocked the proposal through a γραφὴ παρανόμων, a lawsuit alleging that a proposed decree was illegal. In this suit (which does not survive), Stephanos alleged either that Apollodoros was a state debtor and so could not make proposals, or that the content of the proposal was illegal, or possibly both. Stephanos won this γραφή, with the result that Apollodoros' decree was annulled and Apollodoros himself had to pay a fine. Next, in around 346 BCE, Stephanos struck again, prosecuting Apollodoros for a murder he did not commit; this time, however, Stephanos, did not win his case.

Against Neaira (dated sometime between 343–340 BCE) represents Apollodoros' indirect retaliation against Stephanos through the prosecution of Stephanos' girlfriend, a former slave-prostitute named Neaira. A man named

Introduction

Theomnestos, a relative of Apollodoros', is actually the one who brought the suit, with Apollodoros serving as his συνήγορος. In this suit, a γραφὴ ξενίας (a public suit against foreigners posing as citizens), Apollodoros alleged that Neaira, a non-citizen, was not only posing as Stephanos' citizen wife, but also passing off her (non-citizen) children as Athenian citizens. Whether these allegations were true is impossible to determine, nor, unfortunately, do we know the outcome of the case. Nonetheless, the speech remains valuable for us as a lively model of Greek oratorical prose, one that delivers tremendous insights into issues of gender, sexuality, and status in classical Athens.

LIST OF CHARACTERS (IN ORDER OF APPEARANCE)

Theomnestos: The man who brought the suit against Neaira, and who delivers the speech's introduction. He was both the brother-in-law and son-in-law of Apollodoros (see below, and stemma).

Neaira: The defendant in this suit, accused of posing as the citizen wife of Stephanos (see below) and passing off her children as Athenian citizens. According to Apollodoros, she is a freed-slave prostitute from Corinth.

Stephanos: A personal enemy of Apollodoros (also, incidentally, the cousin of Theomnestos). He met Neaira when she was living and working in Megara and became her lover. While this suit is technically against Neaira, it is in effect also against him.

Apollodoros: The likely author of *Against Neaira*; he delivers the bulk of the speech. Apollodoros was the son of a freed slave-turned-citizen named Pasion. He was very litigious, especially against his stepfather Phormion (who had originally been Pasion's slave).

Nikarete: A freed-slave madam in Corinth who raises slave girls (including Neaira) to be prostitutes.

Timanoridas and Eukrates: Neaira's clients in Corinth who purchase her from Nikarete and eventually offer her her freedom.

Phrynion: An Athenian client of Neaira's who helps her to purchase her freedom. Neaira leaves him and moves to Megara after he treats her abusively.

Phano: Also known as Strybele; according to Apollodoros, she is Neaira's daughter, but Stephanos alleges that she is his daughter with a previous wife.

Phrastor: An Athenian man to whom Stephanos marries Phano; when Phrastor discovers that she is actually Neaira's daughter, he divorces her.

Introduction

Epainetos: A man from Andros who is a former client of Neaira's. Stephanos entraps and tries to blackmail him for sleeping with Phano.

Theogenes: Phano's second husband; like Phrastor, when he discovers that Phano is actually Neaira's daughter, he divorces her.

STEMMA

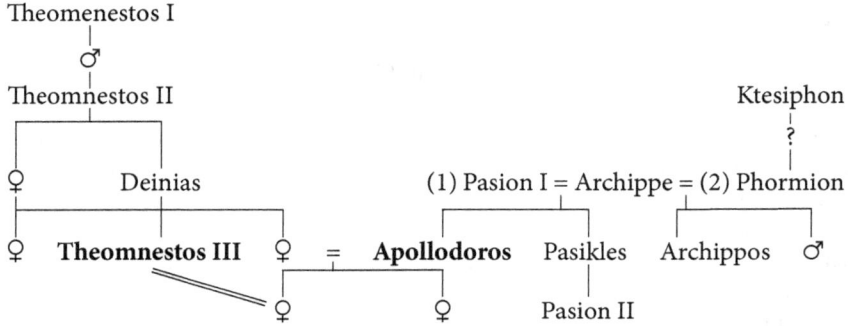

FURTHER READING

Texts and commentaries

 Bers, Victor, trans. 2003. *Demosthenes, Speeches 50–59.* Austin. An English translation.

 Blass, Friedrich, ed. 1908. *Demosthenis Orationes.* Vol. 3. Leipzig. An older Greek text, superseded by Dilts 2009.

 Carey, Christopher, ed. and trans. 1992. *Apollodoros Against Neaira [Demosthenes 59].* Warminster.

 Dilts, M. R., ed. 2009. *Demosthenis Orationes.* Vol. 4. Oxford.

 Gernet, Louis, ed. and trans. 1960. *Démosthène: Plaidoyers civils.* Vol. 4. Paris. Greek text and French translation.

 Kapparis, Konstantinos K., ed. and trans. 1999. *Apollodoros "Against Neaira" [D. 59].* Berlin and New York. Scholarly commentary.

 Murray, A.T., ed. and trans. 1939. *Demosthenes.* Vol. 6. Cambridge, Mass. Loeb Classical Library series, Greek text and English translation.

 Patteson, Alice J. 1978. *Commentary on [Demosthenes] LIX: Against Neaira.* Ph.D. Dissertation, University of Pennsylvania.

 Rennie, William, ed. 1931. *Demosthenis Orationes.* Vol. 3. Oxford.

Historical context

Blok, Josine. 2017. *Citizenship in Classical Athens*. Cambridge.

Hansen, Mogens H. 1940. *The Athenian Democracy in the Age of Demosthenes: Structure, Principles, and Ideology.* Norman, OK.

Kamen, Deborah. 2013. *Status in Classical Athens*. Princeton.

Kennedy, Rebecca F. 2014. *Immigrant Women in Athens: Gender, Ethnicity, and Citizenship in the Classical City.* New York.

Lape, Susan. 2010. *Race and Citizen Identity in the Classical Athenian Democracy.* Cambridge.

Todd, S. C. 1993. *The Shape of Athenian Law*. Oxford.

Specialist studies

Cohen, Edward E. 2015. *Athenian Prostitution: The Business of Sex.* Oxford.

Davidson, James. N. 1997. *Courtesans and Fishcakes: The Consuming Passions of Classical Athens.* London.

Glazebrook, Allison and Madeleine M. Henry, eds. 2011. *Greek Prostitutes in the Ancient Mediterranean, 800 BCE–200 CE.* Madison.

Hamel, Debra. 2003. *Trying Neaira: The True Story of a Courtesan's Scandalous Life in Ancient Greece.* New Haven and London.

Kapparis, Konstantinos K. 2017. *Prostitution in the Ancient Greek World.* Berlin.

Patterson, Cynthia. 1981. *Pericles' Citizenship Law of 451–50.* New York.

Trevett, Jeremy. 1992. *Apollodoros the Son of Pasion.* Oxford.

Zelnick-Abramovitz, Rachel. 2005. *Not Wholly Free: The Concept of Manumission and the Status of Manumitted Slaves in the Ancient Greek World.* Leiden.

Introduction

Abbreviations

§	section, paragraph
G.	Thomas Dwight Goodell, *A School Grammar of Attic Greek*. New York: D. Appleton and Co., 1902.
LSJ	Henry George Liddell & Robert Scott, *A Greek-English Lexicon*. Revised and augmented throughout by Sir Henry Stuart Jones with the assistance of Roderick McKenzie. Oxford, Clarendon Press, 1940. Digitized at Logeion.
OCT	Oxford Classical Text
S.	Herbert Weir Smyth, *A Greek Grammar for Colleges*. New York: American Book Company, 1920.

GREEK TEXT

Against Neaira

[1] πολλά με τὰ παρακαλοῦντα ἦν, ὦ ἄνδρες Ἀθηναῖοι, γράψασθαι Νέαιραν τὴν γραφὴν ταυτηνὶ καὶ εἰσελθεῖν εἰς ὑμᾶς. καὶ γὰρ ἠδικήμεθα ὑπὸ Στεφάνου μεγάλα, καὶ εἰς κινδύνους τοὺς ἐσχάτους κατέστημεν ὑπ' αὐτοῦ, ὅ τε κηδεστὴς καὶ ἐγὼ καὶ ἡ ἀδελφὴ καὶ ἡ γυνὴ ἡ ἐμή, ὥστε οὐχ ὑπάρχων ἀλλὰ τιμωρούμενος ἀγωνιοῦμαι τὸν ἀγῶνα τουτονί· τῆς γὰρ ἔχθρας πρότερος οὗτος ὑπῆρξεν, οὐδὲν ὑφ' ἡμῶν πώποτε οὔτε λόγῳ οὔτε ἔργῳ κακὸν παθών. βούλομαι δ' ὑμῖν προδιηγήσασθαι πρῶτον ἃ πεπόνθαμεν ὑπ' αὐτοῦ, ἵνα μᾶλλόν μοι συγγνώμην ἔχητε ἀμυνομένῳ, καὶ ὡς εἰς τοὺς ἐσχάτους κινδύνους κατέστημεν περί τε τῆς πατρίδος καὶ περὶ ἀτιμίας.

[2] ψηφισαμένου γὰρ τοῦ δήμου τοῦ Ἀθηναίων Ἀθηναῖον εἶναι Πασίωνα καὶ ἐκγόνους τοὺς ἐκείνου διὰ τὰς εὐεργεσίας τὰς εἰς τὴν πόλιν, ὁμογνώμων καὶ ὁ πατὴρ ἐγένετο ὁ ἐμὸς τῇ τοῦ δήμου δωρεᾷ, καὶ ἔδωκεν Ἀπολλοδώρῳ τῷ υἱεῖ τῷ ἐκείνου θυγατέρα μὲν αὑτοῦ, ἀδελφὴν δὲ ἐμήν, ἐξ ἧς Ἀπολλοδώρῳ οἱ παῖδές εἰσιν. ὄντος δὲ χρηστοῦ τοῦ Ἀπολλοδώρου περί τε τὴν ἀδελφὴν τὴν ἐμὴν καὶ περὶ ἡμᾶς ἅπαντας, καὶ ἡγουμένου τῇ ἀληθείᾳ οἰκείους ὄντας κοινωνεῖν πάντων τῶν ὄντων, ἔλαβον καὶ ἐγὼ γυναῖκα Ἀπολλοδώρου μὲν θυγατέρα, ἀδελφιδῆν δ' ἐμαυτοῦ.

[3] προεληλυθότος δὲ χρόνου λαγχάνει βουλεύειν Ἀπολλόδωρος· δοκιμασθεὶς δὲ καὶ ὀμόσας τὸν νόμιμον ὅρκον, συμβάντος τῇ πόλει καιροῦ τοιούτου καὶ πολέμου, ἐν ᾧ ἦν ἢ κρατήσασιν ὑμῖν μεγίστοις τῶν Ἑλλήνων εἶναι καὶ ἀναμφισβητήτως τά τε ὑμέτερα αὐτῶν κεκομίσθαι καὶ καταπεπολεμηκέναι Φίλιππον, ἢ ὑστερίσασι τῇ βοηθείᾳ καὶ προεμένοις τοὺς συμμάχους, δι' ἀπορίαν χρημάτων καταλυθέντος τοῦ στρατοπέδου, τούτους τ' ἀπολέσαι καὶ τοῖς ἄλλοις Ἕλλησιν ἀπίστους εἶναι δοκεῖν, καὶ κινδυνεύειν περὶ τῶν ὑπολοίπων, περί τε Λήμνου καὶ Ἴμβρου καὶ Σκύρου καὶ Χερρονήσου,

[4] καὶ μελλόντων στρατεύεσθαι ὑμῶν πανδημεὶ εἴς τε Εὔβοιαν καὶ Ὄλυνθον, ἔγραψε ψήφισμα ἐν τῇ βουλῇ Ἀπολλόδωρος βουλεύων καὶ ἐξήνεγκε προβούλευμα εἰς τὸν δῆμον, λέγον διαχειροτονῆσαι τὸν δῆμον εἴτε δοκεῖ τὰ περιόντα χρήματα τῆς διοικήσεως στρατιωτικὰ εἶναι εἴτε θεωρικά, κελευόντων μὲν τῶν νόμων, ὅταν πόλεμος ᾖ, τὰ περιόντα χρήματα τῆς διοικήσεως στρατιωτικὰ εἶναι, κύριον δ' ἡγούμενος δεῖν τὸν δῆμον εἶναι περὶ τῶν αὑτοῦ ὅ τι ἂν βούληται πρᾶξαι, ὀμωμοκὼς δὲ τὰ βέλτιστα βουλεύσειν τῷ δήμῳ τῷ Ἀθηναίων, ὡς ὑμεῖς πάντες ἐμαρτυρήσατε ἐν ἐκείνῳ τῷ καιρῷ.

[5] γενομένης γὰρ τῆς διαχειροτονίας, οὐδεὶς ἀντεχειροτόνησεν ὡς οὐ δεῖ τοῖς χρήμασι τούτοις στρατιωτικοῖς χρῆσθαι, ἀλλὰ καὶ νῦν ἔτι, ἄν που λόγος γένηται, παρὰ πάντων ὁμολογεῖται ὡς τὰ βέλτιστα εἰπὼν ἄδικα πάθοι. τῷ οὖν ἐξαπατήσαντι τῷ λόγῳ τοὺς δικαστὰς δίκαιον ὀργίζεσθαι, οὐ τοῖς ἐξαπατηθεῖσιν. γραψάμενος γὰρ παρανόμων τὸ ψήφισμα Στέφανος οὑτοσὶ καὶ εἰσελθὼν εἰς τὸ δικαστήριον, ἐπὶ διαβολῇ ψευδεῖς μάρτυρας παρασχόμενος ὡς ὤφλε τῷ δημοσίῳ ἐκ πέντε καὶ εἴκοσιν ἐτῶν, καὶ ἔξω τῆς γραφῆς πολλὰ κατηγορῶν, εἷλε τὸ ψήφισμα.

[6] καὶ τοῦτο μὲν εἰ αὐτῷ ἐδόκει διαπράξασθαι, οὐ χαλεπῶς φέρομεν· ἀλλ' ἐπειδὴ περὶ τοῦ τιμήματος ἐλάμβανον τὴν ψῆφον οἱ δικασταί, δεομένων ἡμῶν συγχωρῆσαι οὐκ ἤθελεν, ἀλλὰ πεντεκαίδεκα ταλάντων ἐτιμᾶτο, ἵνα ἀτιμώσειεν αὐτὸν καὶ παῖδας τοὺς ἐκείνου, καὶ τὴν ἀδελφὴν τὴν ἐμὴν καὶ ἡμᾶς ἅπαντας εἰς τὴν ἐσχάτην ἀπορίαν καταστήσειεν καὶ ἔνδειαν ἁπάντων.

[7] ἡ μὲν γὰρ οὐσία οὐδὲ τριῶν ταλάντων πάνυ τι ἦν, ὥστε δυνηθῆναι ἐκτεῖσαι τοσοῦτον ὄφλημα· μὴ ἐκτεισθέντος δὲ τοῦ ὀφλήματος ἐπὶ τῆς ἐνάτης πρυτανείας, διπλοῦν ἔμελλεν ἔσεσθαι τὸ ὄφλημα καὶ ἐγγραφήσεσθαι Ἀπολλόδωρος τριάκοντα τάλαντα ὀφείλων τῷ δημοσίῳ· ἐγγεγραμμένου δὲ τῷ δημοσίῳ, ἀπογραφήσεσθαι ἔμελλεν ἡ ὑπάρχουσα οὐσία Ἀπολλοδώρῳ δημοσία εἶναι, πραθείσης δ' αὐτῆς εἰς τὴν ἐσχάτην ἀπορίαν καταστήσεσθαι καὶ αὐτὸς καὶ παῖδες οἱ ἐκείνου καὶ γυνὴ καὶ ἡμεῖς ἅπαντες.

[8] ἔτι δὲ καὶ ἡ ἑτέρα θυγάτηρ ἀνέκδοτος ἔμελλεν ἔσεσθαι· τίς γὰρ ἂν ποτε παρ' ὀφείλοντος τῷ δημοσίῳ καὶ ἀποροῦντος ἔλαβεν ἄπροικον; οὐκοῦν τηλικούτων κακῶν αἴτιος ἡμῖν πᾶσιν ἐγίγνετο, οὐδὲν πώποτε ὑφ' ἡμῶν ἠδικημένος. τοῖς μὲν οὖν δικασταῖς τοῖς τότε δικάσασι πολλὴν χάριν κατά γε τοῦτο ἔχω, ὅτι οὐ περιεῖδον αὐτὸν ἀναρπασθέντα, ἀλλ' ἐτίμησαν ταλάντου, ὥστε δυνηθῆναι ἐκτεῖσαι μόλις· τούτῳ δὲ δικαίως τὸν αὐτὸν ἔρανον ἐνεχειρήσαμεν ἀποδοῦναι.

[9] καὶ γὰρ οὐ μόνον ταύτῃ ἐζήτησεν ἀνελεῖν ἡμᾶς, ἀλλὰ καὶ ἐκ τῆς πατρίδος αὐτὸν ἐβουλήθη ἐκβαλεῖν. ἐπενέγκας γὰρ αὐτῷ αἰτίαν ψευδῆ ὡς Ἀφίδναζέ ποτε ἀφικόμενος ἐπὶ δραπέτην αὐτοῦ ζητῶν πατάξειε γυναῖκα καὶ ἐκ τῆς πληγῆς τελευτήσειεν ἡ ἄνθρωπος, παρασκευασάμενος ἀνθρώπους δούλους καὶ κατασκευάσας ὡς Κυρηναῖοι εἴησαν, προεῖπεν αὐτῷ ἐπὶ Παλλαδίῳ φόνου.

[10] καὶ ἔλεγεν τὴν δίκην Στέφανος οὑτοσί, διομοσάμενος ὡς ἔκτεινεν Ἀπολλόδωρος τὴν γυναῖκα αὐτοχειρίᾳ, ἐξώλειαν αὑτῷ καὶ γένει καὶ οἰκίᾳ ἐπαρασάμενος, ἃ οὔτ' ἐγένετο οὔτ' εἶδεν οὔτ' ἤκουσεν οὐδενὸς πώποτε ἀνθρώπων. ἐξελεγχθεὶς δ' ἐπιορκῶν καὶ ψευδῆ αἰτίαν ἐπιφέρων, καὶ καταφανὴς γενόμενος μεμισθωμένος ὑπὸ Κηφισοφῶντος καὶ Ἀπολλοφάνους ὥστ' ἐξελάσαι Ἀπολλόδωρον ἢ ἀτιμῶσαι ἀργύριον εἰληφώς, ὀλίγας ψήφους μεταλαβὼν ἐκ πεντακοσίων, ἀπῆλθεν ἐπιωρκηκὼς καὶ δόξας πονηρὸς εἶναι.

[11] σκοπεῖτε δὴ αὐτοί, ὦ ἄνδρες δικασταί, ἐκ τῶν εἰκότων λογιζόμενοι πρὸς ὑμᾶς αὐτούς, τί ἂν ἐχρησάμην ἐμαυτῷ καὶ τῇ γυναικὶ καὶ τῇ ἀδελφῇ, εἴ τι Ἀπολλοδώρῳ συνέβη παθεῖν ὧν Στέφανος οὑτοσὶ ἐπεβούλευσεν αὐτῷ, ἢ ἐν τῷ προτέρῳ ἢ ἐν τῷ ὑστέρῳ ἀγῶνι; ἢ ποίᾳ αἰσχύνῃ οὐκ ἂν καὶ συμφορᾷ περιπεπτωκὼς ἦν;

[12] παρακαλούντων δή με ἁπάντων, ἰδίᾳ προσιόντων μοι, ἐπὶ τιμωρίαν τρέπεσθαι ὧν ἐπάθομεν ὑπ' αὐτοῦ, καὶ ὀνειδιζόντων μοι ἀνανδρότατον ἀνθρώπων εἶναι, εἰ οὕτως οἰκείως ἔχων τὰ πρὸς τούτους μὴ λήψομαι δίκην

Against Neaira

ὑπὲρ ἀδελφῆς καὶ κηδεστοῦ καὶ ἀδελφιδῶν καὶ γυναικὸς ἐμαυτοῦ, μηδὲ τὴν περιφανῶς εἰς τοὺς θεοὺς ἀσεβοῦσαν καὶ εἰς τὴν πόλιν ὑβρίζουσαν καὶ τῶν νόμων καταφρονοῦσαν τῶν ὑμετέρων εἰσαγωγῶν εἰς ὑμᾶς καὶ ἐξελέγξας τῷ λόγῳ ὡς ἀδικεῖ, κυρίους καταστήσω ὅ τι ἂν βούλησθε χρῆσθαι αὐτῇ,

[13] ὥσπερ καὶ Στέφανος οὑτοσὶ ἐμὲ ἀφῃρεῖτο τοὺς οἰκείους παρὰ τοὺς νόμους καὶ τὰ ψηφίσματα τὰ ὑμέτερα, οὕτω καὶ ἐγὼ τοῦτον ἥκω ἐπιδείξων εἰς ὑμᾶς ξένῃ μὲν γυναικὶ συνοικοῦντα παρὰ τὸν νόμον, ἀλλοτρίους δὲ παῖδας εἰσαγαγόντα εἴς τε τοὺς φράτερας καὶ εἰς τοὺς δημότας, ἐγγυῶντα δὲ τὰς τῶν ἑταιρῶν θυγατέρας ὡς αὑτοῦ οὔσας, ἠσεβηκότα δ' εἰς τοὺς θεούς, ἄκυρον δὲ ποιοῦντα τὸν δῆμον τῶν αὑτοῦ, ἄν τινα βούληται πολίτην ποιήσασθαι· τίς γὰρ ἂν ἔτι παρὰ τοῦ δήμου ζητήσειε λαβεῖν δωρεάν, μετὰ πολλῶν ἀναλωμάτων καὶ πραγματείας πολίτης μέλλων ἔσεσθαι, ἐξὸν παρὰ Στεφάνου ἀπ' ἐλάττονος ἀναλώματος, εἴ γε τὸ αὐτὸ τοῦτο γενήσεται αὐτῷ;

[14] ἃ μὲν οὖν ἀδικηθεὶς ἐγὼ ὑπὸ Στεφάνου πρότερος ἐγραψάμην τὴν γραφὴν ταύτην, εἴρηκα πρὸς ὑμᾶς· ὡς δ' ἐστὶν ξένη Νέαιρα αὑτηὶ καὶ συνοικεῖ Στεφάνῳ τουτῳὶ καὶ πολλὰ παρανενόμηκεν εἰς τὴν πόλιν, ταῦτ' ἤδη δεῖ μαθεῖν ὑμᾶς. δέομαι οὖν ὑμῶν, ὦ ἄνδρες δικασταί, ἅπερ ἡγοῦμαι προσήκειν δεηθῆναι νέον τε ὄντα καὶ ἀπείρως ἔχοντα τοῦ λέγειν, συνήγορόν με κελεῦσαι καλέσαι τῷ ἀγῶνι τούτῳ Ἀπολλόδωρον.

[15] καὶ γὰρ πρεσβύτερός ἐστιν ἢ ἐγώ, καὶ ἐμπειροτέρως ἔχει τῶν νόμων, καὶ μεμέληκεν αὐτῷ περὶ τούτων ἁπάντων ἀκριβῶς, καὶ ἠδίκηται ὑπὸ Στεφάνου τουτουί, ὥστε καὶ ἀνεπίφθονον αὐτῷ τιμωρεῖσθαι τὸν ὑπάρξαντα. δεῖ δ' ὑμᾶς ἐξ αὐτῆς τῆς ἀληθείας, τὴν ἀκρίβειαν ἀκούσαντας τῆς τε κατηγορίας καὶ τῆς ἀπολογίας, οὕτως ἤδη τὴν ψῆφον φέρειν ὑπέρ τε τῶν θεῶν καὶ τῶν νόμων καὶ τοῦ δικαίου καὶ ὑμῶν αὐτῶν. "Συνηγορία"

§16–126: The rest of the speech is delivered by Apollodoros.

[16] ἃ μὲν ἠδικημένος, ὦ ἄνδρες Ἀθηναῖοι, ὑπὸ Στεφάνου ἀναβέβηκα κατηγορήσων Νεαίρας ταυτησί, Θεόμνηστος εἴρηκεν πρὸς ὑμᾶς· ὡς δ' ἐστὶ ξένη Νέαιρα καὶ παρὰ τοὺς νόμους συνοικεῖ Στεφάνῳ, τοῦτο ὑμῖν βούλομαι σαφῶς ἐπιδεῖξαι. πρῶτον μὲν οὖν τὸν νόμον ὑμῖν ἀναγνώσεται, καθ' ὃν τήν τε γραφὴν ταυτηνὶ Θεόμνηστος ἐγράψατο καὶ ὁ ἀγὼν οὗτος εἰσέρχεται εἰς ὑμᾶς. "Νόμος·

ἐὰν δὲ ξένος ἀστῇ συνοικῇ τέχνῃ ἢ μηχανῇ ᾑτινιοῦν, γραφέσθω πρὸς τοὺς θεσμοθέτας Ἀθηναίων ὁ βουλόμενος οἷς ἔξεστιν. ἐὰν δὲ ἁλῷ, πεπράσθω καὶ αὐτὸς καὶ ἡ οὐσία αὐτοῦ, καὶ τὸ τρίτον μέρος ἔστω τοῦ ἑλόντος. ἔστω δὲ καὶ ἐὰν ἡ ξένη τῷ ἀστῷ συνοικῇ κατὰ ταὐτά, καὶ ὁ συνοικῶν τῇ ξένῃ τῇ ἁλούσῃ ὀφειλέτω χιλίας δραχμάς."

[17] τοῦ μὲν νόμου τοίνυν ἀκηκόατε, ὦ ἄνδρες δικασταί, ὃς οὐκ ἐᾷ τὴν ξένην τῷ ἀστῷ συνοικεῖν οὐδὲ τὴν ἀστὴν τῷ ξένῳ, οὐδὲ παιδοποιεῖσθαι, τέχνῃ οὐδὲ μηχανῇ οὐδεμιᾷ· ἐὰν δέ τις παρὰ ταῦτα ποιῇ, γραφὴν πεποίηκεν κατ' αὐτῶν εἶναι πρὸς τοὺς θεσμοθέτας, κατά τε τοῦ ξένου καὶ τῆς ξένης, κἂν ἁλῷ, πεπρᾶσθαι κελεύει. ὡς οὖν ἐστι ξένη Νέαιρα αὑτηί, τοῦθ' ὑμῖν βούλομαι ἐξ ἀρχῆς ἀκριβῶς ἐπιδεῖξαι.

[18] ἑπτὰ γὰρ ταύτας παιδίσκας ἐκ μικρῶν παιδίων ἐκτήσατο Νικαρέτη, Χαρισίου μὲν οὖσα τοῦ Ἠλείου ἀπελευθέρα, Ἱππίου δὲ τοῦ μαγείρου τοῦ ἐκείνου γυνή, δεινὴ δὲ καὶ δυναμένη φύσιν μικρῶν παιδίων συνιδεῖν εὐπρεπῆ, καὶ ταῦτα ἐπισταμένη θρέψαι καὶ παιδεῦσαι ἐμπείρως, τέχνην ταύτην κατεσκευασμένη καὶ ἀπὸ τούτων τὸν βίον συνειλεγμένη.

[19] προσειποῦσα δ' αὐτὰς ὀνόματι θυγατέρας, ἵν' ὡς μεγίστους μισθοὺς πράττοιτο τοὺς βουλομένους πλησιάζειν αὐταῖς ὡς ἐλευθέραις οὔσαις, ἐπειδὴ τὴν ἡλικίαν ἐκαρπώσατο αὐτῶν ἑκάστης, συλλήβδην καὶ τὰ σώματα ἀπέδοτο ἁπασῶν ἑπτὰ οὐσῶν, Ἄντειαν καὶ Στρατόλαν καὶ Ἀριστόκλειαν καὶ Μετάνειραν καὶ Φίλαν καὶ Ἰσθμιάδα καὶ Νέαιραν ταυτηνί.

[20] ἣν μὲν οὖν ἕκαστος αὐτῶν ἐκτήσατο καὶ ὡς ἠλευθερώθησαν ἀπὸ τῶν πριαμένων αὐτὰς παρὰ τῆς Νικαρέτης, προϊόντος τοῦ λόγου, ἂν βούλησθε ἀκούειν καί μοι περιουσία ᾖ τοῦ ὕδατος, δηλώσω ὑμῖν· ὡς δὲ Νέαιρα αὑτηὶ Νικαρέτης ἦν καὶ ἠργάζετο τῷ σώματι μισθαρνοῦσα τοῖς βουλομένοις αὐτῇ πλησιάζειν, τοῦθ' ὑμῖν βούλομαι πάλιν ἐπανελθεῖν.

[21] Λυσίας γὰρ ὁ σοφιστὴς Μετανείρας ὢν ἐραστής, ἐβουλήθη πρὸς τοῖς ἄλλοις ἀναλώμασιν οἷς ἀνήλισκεν εἰς αὐτὴν καὶ μυῆσαι, ἡγούμενος τὰ μὲν ἄλλα ἀναλώματα τὴν κεκτημένην αὐτὴν λαμβάνειν, ἃ δ' ἂν εἰς τὴν ἑορτὴν καὶ τὰ μυστήρια ὑπὲρ αὐτῆς ἀναλώσῃ, πρὸς αὐτὴν τὴν ἄνθρωπον χάριν καταθήσεσθαι. ἐδεήθη οὖν τῆς Νικαρέτης ἐλθεῖν εἰς τὰ μυστήρια ἄγουσαν τὴν Μετάνειραν, ἵνα μυηθῇ, καὶ αὐτὸς ὑπέσχετο μυήσειν.

[22] ἀφικομένας δ' αὐτὰς ὁ Λυσίας εἰς μὲν τὴν αὑτοῦ οἰκίαν οὐκ εἰσάγει, αἰσχυνόμενος τήν τε γυναῖκα ἣν εἶχε, Βραχύλλου μὲν θυγατέρα, ἀδελφιδῆν δὲ αὑτοῦ, καὶ τὴν μητέρα τὴν αὑτοῦ πρεσβυτέραν τε οὖσαν καὶ ἐν τῷ αὐτῷ διαιτωμένην· ὡς Φιλόστρατον δὲ τὸν Κολωνῆθεν, ἠίθεον ἔτι ὄντα καὶ φίλον αὐτῷ, καθίστησιν ὁ Λυσίας αὐτάς, τήν τε Μετάνειραν καὶ τὴν Νικαρέτην. συνηκολούθει δὲ καὶ Νέαιρα αὑτή, ἐργαζομένη μὲν ἤδη τῷ σώματι, νεωτέρα δὲ οὖσα διὰ τὸ μήπω τὴν ἡλικίαν αὐτῇ παρεῖναι.

[23] ὡς οὖν ἀληθῆ λέγω, ὅτι Νικαρέτης ἦν καὶ ἠκολούθει ἐκείνῃ καὶ ἐμισθάρνει τῷ βουλομένῳ ἀναλίσκειν, τούτων ὑμῖν αὐτὸν τὸν Φιλόστρατον μάρτυρα καλῶ. "Μαρτυρία·

Φιλόστρατος Διονυσίου Κολωνῆθεν μαρτυρεῖ εἰδέναι Νέαιραν Νικαρέτης οὖσαν, ἧσπερ καὶ Μετάνειρα ἐγένετο, καὶ καταγέσθαι παρ' αὑτῷ, ὅτε εἰς τὰ μυστήρια ἐπεδήμησαν ἐν Κορίνθῳ οἰκοῦσαι· καταστῆσαι δὲ αὐτὰς ὡς αὑτὸν Λυσίαν τὸν Κεφάλου, φίλον ὄντα ἑαυτῷ καὶ ἐπιτήδειον."

[24] πάλιν τοίνυν, ὦ ἄνδρες Ἀθηναῖοι, μετὰ ταῦτα Σῖμος ὁ Θετταλὸς ἔχων Νέαιραν ταυτηνὶ ἀφικνεῖται δεῦρο εἰς τὰ Παναθήναια τὰ μεγάλα. συνηκολούθει δὲ καὶ ἡ Νικαρέτη αὐτῇ, κατήγοντο δὲ παρὰ Κτησίππῳ τῷ Γλαυκωνίδου τῷ Κυδαντίδῃ, καὶ συνέπινεν καὶ συνεδείπνει ἐναντίον πολλῶν Νέαιρα αὑτηὶ ὡς ἂν ἑταίρα οὖσα. καὶ ὅτι ἀληθῆ λέγω, τούτων ὑμῖν τοὺς μάρτυρας καλῶ.

[25] καί μοι κάλει Εὐφίλητον Σίμωνος Αἰξωνέα καὶ Ἀριστόμαχον Κριτοδήμου Ἀλωπεκῆθεν. "Μάρτυρες· Εὐφίλητος Σίμωνος Αἰξωνεύς, Ἀριστόμαχος Κριτοδήμου Ἀλωπεκῆθεν, μαρτυροῦσιν εἰδέναι Σῖμον τὸν Θετταλὸν ἀφικόμενον Ἀθήναζε εἰς τὰ Παναθήναια τὰ μεγάλα, καὶ μετ' αὐτοῦ Νικαρέτην καὶ Νέαιραν τὴν νυνὶ ἀγωνιζομένην· καὶ κατάγεσθαι αὐτοὺς παρὰ Κτησίππῳ τῷ Γλαυκωνίδου, καὶ συμπίνειν μετ' αὐτῶν Νέαιραν ὡς ἑταίραν οὖσαν καὶ ἄλλων πολλῶν παρόντων καὶ συμπινόντων παρὰ Κτησίππῳ."

[26] μετὰ ταῦτα τοίνυν ἐν τῇ Κορίνθῳ αὐτῆς ἐπιφανῶς ἐργαζομένης καὶ οὔσης λαμπρᾶς ἄλλοι τε ἐρασταὶ γίγνονται καὶ Ξενοκλείδης ὁ ποιητὴς καὶ Ἵππαρχος ὁ ὑποκριτής, καὶ εἶχον αὐτὴν μεμισθωμένοι. καὶ ὅτι ἀληθῆ λέγω, τοῦ μὲν Ξενοκλείδου οὐκ ἂν δυναίμην ὑμῖν μαρτυρίαν παρασχέσθαι· οὐ γὰρ ἐῶσιν αὐτὸν οἱ νόμοι μαρτυρεῖν·

[27] ὅτε γὰρ Λακεδαιμονίους ὑμεῖς ἐσῴζετε πεισθέντες ὑπὸ Καλλιστράτου, τότε ἀντειπὼν ἐν τῷ δήμῳ τῇ βοηθείᾳ, ἐωνημένος τὴν πεντηκοστὴν τοῦ σίτου ἐν εἰρήνῃ καὶ δέον αὐτὸν καταβάλλειν τὰς καταβολὰς εἰς τὸ βουλευτήριον κατὰ πρυτανείαν, καὶ οὔσης αὐτῷ ἀτελείας ἐκ τῶν νόμων οὐκ ἐξελθὼν ἐκείνην τὴν στρατείαν, γραφεὶς ὑπὸ Στεφάνου τουτουὶ ἀστρατείας καὶ διαβληθεὶς τῷ λόγῳ ἐν τῷ δικαστηρίῳ ἑάλω καὶ ἠτιμώθη.

[28] καίτοι πῶς οὐκ οἴεσθε δεινὸν εἶναι, εἰ τοὺς μὲν φύσει πολίτας καὶ γνησίως μετέχοντας τῆς πόλεως ἀπεστέρηκε τῆς παρρησίας Στέφανος οὑτοσί, τοὺς δὲ μηδὲν προσήκοντας βιάζεται Ἀθηναίους εἶναι παρὰ πάντας τοὺς νόμους; τὸν δ' Ἵππαρχον αὐτὸν ὑμῖν καλῶ, καὶ ἀναγκάσω μαρτυρεῖν ἢ ἐξόμνυσθαι κατὰ τὸν νόμον, ἢ κλητεύσω αὐτόν. καί μοι κάλει Ἵππαρχον. "Μαρτυρία· Ἵππαρχος Ἀθμονεὺς μαρτυρεῖ Ξενοκλείδην καὶ αὐτὸν μισθώσασθαι Νέαιραν ἐν Κορίνθῳ τὴν νῦν ἀγωνιζομένην, ὡς ἑταίραν οὖσαν τῶν μισθαρνουσῶν, καὶ συμπίνειν ἐν Κορίνθῳ Νέαιραν μεθ' αὑτοῦ καὶ Ξενοκλείδου τοῦ ποιητοῦ."

[29] μετὰ ταῦτα τοίνυν αὐτῆς γίγνονται ἐρασταὶ δύο, Τιμανορίδας τε ὁ Κορίνθιος καὶ Εὐκράτης ὁ Λευκάδιος, οἳ ἐπειδήπερ πολυτελὴς ἦν ἡ Νικαρέτη τοῖς ἐπιτάγμασιν, ἀξιοῦσα τὰ καθ' ἡμέραν ἀναλώματα ἅπαντα τῇ οἰκίᾳ παρ' αὐτῶν λαμβάνειν, κατατιθέασιν αὐτῆς τιμὴν τριάκοντα μνᾶς τοῦ σώματος τῇ Νικαρέτῃ, καὶ ὠνοῦνται αὐτὴν παρ' αὐτῆς νόμῳ πόλεως καθάπαξ αὑτῶν δούλην εἶναι. καὶ εἶχον καὶ ἐχρῶντο ὅσον ἐβούλοντο αὐτῇ χρόνον.

[30] μέλλοντες δὲ γαμεῖν, προαγορεύουσιν αὐτῇ, ὅτι οὐ βούλονται αὐτὴν σφῶν αὐτῶν ἑταίραν γεγενημένην ὁρᾶν ἐν Κορίνθῳ ἐργαζομένην οὐδ' ὑπὸ πορνοβοσκῷ οὖσαν, ἀλλ' ἡδέως ἂν αὐτοῖς εἴη ἔλαττόν τε τἀργύριον κομίσασθαι παρ' αὐτῆς ἢ κατέθεσαν, καὶ αὐτὴν ταύτην ὁρᾶν τι ἀγαθὸν ἔχουσαν. ἀφιέναι οὖν αὐτῇ ἔφασαν εἰς ἐλευθερίαν χιλίας δραχμάς, πεντακοσίας ἑκάτερος· τὰς δ' εἴκοσι μνᾶς ἐκέλευον αὐτὴν ἐξευροῦσαν αὐτοῖς ἀποδοῦναι. ἀκούσασα δ' αὕτη τοὺς λόγους τούτους τοῦ τε Εὐκράτους καὶ Τιμανορίδου, μεταπέμπεται εἰς τὴν Κόρινθον ἄλλους τε τῶν ἐραστῶν τῶν γεγενημένων αὐτῇ καὶ Φρυνίωνα τὸν Παιανιέα, Δήμωνος μὲν ὄντα υἱόν, Δημοχάρους δὲ ἀδελφόν, ἀσελγῶς δὲ καὶ πολυτελῶς διάγοντα τὸν βίον, ὡς ὑμῶν οἱ πρεσβύτεροι μνημονεύουσιν.

[31] ἀφικομένου δ' ὡς αὐτὴν τοῦ Φρυνίωνος, λέγει πρὸς αὐτὸν τοὺς λόγους οὓς εἶπον πρὸς αὐτὴν ὅ τε Εὐκράτης καὶ Τιμανορίδας, καὶ δίδωσιν αὐτῷ τὸ ἀργύριον ὃ παρὰ τῶν ἄλλων ἐραστῶν ἐδασμολόγησεν ἔρανον εἰς τὴν ἐλευθερίαν συλλέγουσα, καὶ εἴ τι ἄρα αὐτὴ περιεποιήσατο, καὶ δεῖται αὐτοῦ προσθέντα τὸ ἐπίλοιπον, οὗ προσέδει εἰς τὰς εἴκοσι μνᾶς, καταθεῖναι αὐτῆς τῷ τε Εὐκράτει καὶ τῷ Τιμανορίδᾳ ὥστε ἐλευθέραν εἶναι.

[32] ἄσμενος δ' ἀκούσας ἐκεῖνος τοὺς λόγους τούτους αὐτῆς, καὶ λαβὼν τἀργύριον ὃ παρὰ τῶν ἐραστῶν τῶν ἄλλων εἰσηνέχθη αὐτῇ, καὶ προσθεὶς τὸ ἐπίλοιπον αὐτός, κατατίθησιν αὐτῆς τὰς εἴκοσι μνᾶς τῷ Εὐκράτει καὶ τῷ Τιμανορίδᾳ ἐπ' ἐλευθερίᾳ καὶ ἐφ' ᾧ ἐν Κορίνθῳ μὴ ἐργάζεσθαι. καὶ ὅτι ταῦτ' ἀληθῆ λέγω, τούτων ὑμῖν τὸν παραγενόμενον μάρτυρα καλῶ. καί μοι κάλει Φίλαγρον Μελιτέα. "Μαρτυρία·

Φίλαγρος Μελιτεὺς μαρτυρεῖ παρεῖναι ἐν Κορίνθῳ, ὅτε Φρυνίων ὁ Δημοχάρους ἀδελφὸς κατετίθει εἴκοσι μνᾶς Νεαίρας τῆς νῦν ἀγωνιζομένης Τιμανορίδᾳ τῷ Κορινθίῳ καὶ Εὐκράτει τῷ Λευκαδίῳ, καὶ καταθεὶς τὸ ἀργύριον ᾤχετο ἀπάγων Ἀθήναζε Νέαιραν."

[33] ἀφικόμενος τοίνυν δεῦρο ἔχων αὐτὴν ἀσελγῶς καὶ προπετῶς ἐχρῆτο αὐτῇ, καὶ ἐπὶ τὰ δεῖπνα ἔχων αὐτὴν πανταχοῖ ἐπορεύετο ὅπου πίνοι, ἐκώμαζέ τ' ἀεὶ μετ' αὐτοῦ, συνῆν τ' ἐμφανῶς ὁπότε βουληθείη πανταχοῦ, φιλοτιμίαν τὴν ἐξουσίαν πρὸς τοὺς ὁρῶντας ποιούμενος. καὶ ὡς ἄλλους τε πολλοὺς ἐπὶ κῶμον ἔχων ἦλθεν αὐτὴν καὶ ὡς Χαβρίαν τὸν Αἰξωνέα, ὅτε ἐνίκα ἐπὶ Σωκρατίδου ἄρχοντος τὰ Πύθια τῷ τεθρίππῳ ὃ ἐπρίατο παρὰ τῶν παίδων τῶν Μίτυος τοῦ Ἀργείου, καὶ ἥκων ἐκ Δελφῶν εἱστία τὰ ἐπινίκια ἐπὶ Κωλιάδι. καὶ ἐκεῖ ἄλλοι τε πολλοὶ συνεγίγνοντο αὐτῇ μεθυούσῃ καθεύδοντος τοῦ Φρυνίωνος, καὶ οἱ διάκονοι οἱ Χαβρίου τράπεζαν παραθέμενοι.

[34] καὶ ὅτι ταῦτ' ἀληθῆ λέγω, τοὺς ὁρῶντας ὑμῖν καὶ παρόντας μάρτυρας παρέξομαι. καί μοι κάλει Χιωνίδην Ξυπεταιόνα καὶ Εὐθετίωνα Κυδαθηναιᾶ. "Μαρτυρία·

Against Neaira

Χιωνίδης Ξυπεταιών, Εὐθετίων Κυδαθηναιεὺς μαρτυροῦσι κληθῆναι ὑπὸ Χαβρίου ἐπὶ δεῖπνον, ὅτε τὰ ἐπινίκια εἱστία Χαβρίας τῆς νίκης τοῦ ἅρματος, καὶ ἑστιᾶσθαι ἐπὶ Κωλιάδι, καὶ εἰδέναι Φρυνίωνα παρόντα ἐν τῷ δείπνῳ τούτῳ ἔχοντα Νέαιραν τὴν νυνὶ ἀγωνιζομένην, καὶ καθεύδειν σφᾶς αὐτοὺς καὶ Φρυνίωνα καὶ Νέαιραν, καὶ αἰσθάνεσθαι αὐτοὶ ἀνισταμένους τῆς νυκτὸς πρὸς Νέαιραν ἄλλους τε καὶ τῶν διακόνων τινάς, οἳ ἦσαν Χαβρίου οἰκέται."

[35] ἐπειδὴ τοίνυν ἀσελγῶς προὐπηλακίζετο ὑπὸ τοῦ Φρυνίωνος καὶ οὐχ ὡς ᾤετο ἠγαπᾶτο, οὐδ' ὑπηρέτει αὐτῇ ἃ ἐβούλετο, συσκευασαμένη αὐτοῦ τὰ ἐκ τῆς οἰκίας καὶ ὅσα ἦν αὐτῇ ὑπ' ἐκείνου περὶ τὸ σῶμα κατεσκευασμένα ἱμάτια καὶ χρυσία, καὶ θεραπαίνας δύο, Θρᾷτταν καὶ Κοκκαλίνην, ἀποδιδράσκει εἰς Μέγαρα. ἦν δὲ ὁ χρόνος οὗτος ᾧ Ἀστεῖος μὲν ἦν ἄρχων Ἀθήνησιν, ὁ καιρὸς δ' ἐν ᾧ ἐπολεμεῖθ' ὑμεῖς πρὸς Λακεδαιμονίους τὸν ὕστερον πόλεμον.

[36] διατρίψασα δ' ἐν τοῖς Μεγάροις δύ' ἔτη, τόν τ' ἐπ' Ἀστείου ἄρχοντος καὶ Ἀλκισθένους ἐνιαυτόν, ὡς αὐτῇ ἡ ἀπὸ τοῦ σώματος ἐργασία οὐχ ἱκανὴν εὐπορίαν παρεῖχεν ὥστε διοικεῖν τὴν οἰκίαν, (πολυτελὴς δ' ἦν, οἱ Μεγαρεῖς δ' ἀνελεύθεροι καὶ μικρολόγοι, ξένων δὲ οὐ πάνυ ἐπιδημία ἦν αὐτόθι διὰ τὸ πόλεμον εἶναι καὶ τοὺς μὲν Μεγαρέας λακωνίζειν, τῆς δὲ θαλάττης ὑμᾶς ἄρχειν· εἰς δὲ τὴν Κόρινθον οὐκ ἐξῆν αὐτῇ ἐπανελθεῖν διὰ τὸ ἐπὶ τούτῳ ἀπηλλάχθαι ἀπὸ τοῦ Εὐκράτους καὶ τοῦ Τιμανορίδου, ὥστ' ἐν Κορίνθῳ μὴ ἐργάζεσθαι),

[37] ὡς οὖν γίγνεται ἡ εἰρήνη ἡ ἐπὶ Φρασικλείδου ἄρχοντος καὶ ἡ μάχη ἡ ἐν Λεύκτροις Θηβαίων καὶ Λακεδαιμονίων, τότε ἐπιδημήσαντα Στέφανον τουτονὶ εἰς τὰ Μέγαρα καὶ καταγόμενον ὡς αὐτὴν ἑταίραν οὖσαν καὶ πλησιάσαντα αὐτῇ, διηγησαμένη πάντα τὰ πεπραγμένα καὶ τὴν ὕβριν τοῦ Φρυνίωνος, καὶ ἐπιδοῦσα ἃ ἐξῆλθεν ἔχουσα παρ' αὐτοῦ, ἐπιθυμοῦσα μὲν τῆς ἐνθάδε οἰκήσεως, φοβουμένη δὲ τὸν Φρυνίωνα διὰ τὸ ἠδικηκέναι μὲν αὐτή, ἐκεῖνον δὲ ὀργίλως ἔχειν αὐτῇ, σοβαρὸν δὲ καὶ ὀλίγωρον εἰδυῖα αὐτοῦ τὸν τρόπον ὄντα, προΐσταται Στέφανον τουτονὶ αὐτῆς.

[38] ἐπάρας δὲ αὐτὴν οὗτος ἐν τοῖς Μεγάροις τῷ λόγῳ καὶ φυσήσας, ὡς κλαύσοιτο ὁ Φρυνίων εἰ ἅψοιτο αὐτῆς, αὐτὸς δὲ γυναῖκα αὐτὴν ἕξων, τούς τε παῖδας τοὺς ὄντας αὐτῇ τότε εἰσάξων εἰς τοὺς φράτερας ὡς αὑτοῦ ὄντας καὶ πολίτας ποιήσων, ἀδικήσει δὲ οὐδεὶς ἀνθρώπων, ἀφικνεῖται αὐτὴν ἔχων δεῦρο ἐκ τῶν Μεγάρων, καὶ παιδία μετ' αὐτῆς τρία, Πρόξενον καὶ Ἀρίστωνα καὶ θυγατέρα, ἣν νυνὶ Φανὼ καλοῦσιν·

[39] καὶ εἰσάγει αὐτὴν καὶ τὰ παιδία εἰς τὸ οἰκίδιον ὃ ἦν αὐτῷ παρὰ τὸν ψιθυριστὴν Ἑρμῆν, μεταξὺ τῆς Δωροθέου τοῦ Ἐλευσινίου οἰκίας καὶ τῆς Κλεινομάχου, ἣν νυνὶ Σπίνθαρος παρ' αὐτοῦ ἐώνηται ἑπτὰ μνῶν. ὥστε ἡ μὲν ὑπάρχουσα Στεφάνῳ οὐσία αὕτη ἦν καὶ ἄλλο οὐδέν· δυοῖν δ' ἕνεκα ἦλθεν ἔχων αὐτήν, ὡς ἐξ ἀτελείας τε ἕξων καλὴν ἑταίραν, καὶ τὰ ἐπιτήδεια ταύτην ἐργασομένην καὶ θρέψουσαν τὴν οἰκίαν· οὐ γὰρ ἦν αὐτῷ ἄλλη πρόσοδος, ὅ τι μὴ συκοφαντήσας τι λάβοι.

[40] πυθόμενος δὲ ὁ Φρυνίων ἐπιδημοῦσαν αὐτὴν καὶ οὖσαν παρὰ τούτῳ, παραλαβὼν νεανίσκους μεθ᾽ ἑαυτοῦ καὶ ἐλθὼν ἐπὶ τὴν οἰκίαν τὴν τοῦ Στεφάνου ἦγεν αὐτήν. ἀφαιρουμένου δὲ τοῦ Στεφάνου κατὰ τὸν νόμον εἰς ἐλευθερίαν, κατηγγύησεν αὐτὴν πρὸς τῷ πολεμάρχῳ. καὶ ὡς ἀληθῆ λέγω, τούτων αὐτὸν μάρτυρα ὑμῖν τὸν τότε πολέμαρχον παρέξομαι. καί μοι κάλει Αἰήτην Κειριάδην. "Μαρτυρία·

Αἰήτης Κειριάδης μαρτυρεῖ πολεμαρχοῦντος αὐτοῦ κατεγγυηθῆναι Νέαιραν τὴν νυνὶ ἀγωνιζομένην ὑπὸ Φρυνίωνος τοῦ Δημοχάρους ἀδελφοῦ, καὶ ἐγγυητὰς γενέσθαι Νεαίρας Στέφανον Ἐροιάδην, Γλαυκέτην Κηφισιέα, Ἀριστοκράτην Φαληρέα."

[41] διεγγυηθεῖσα δ᾽ ὑπὸ Στεφάνου καὶ οὖσα παρὰ τούτῳ τὴν μὲν αὐτὴν ἐργασίαν οὐδὲν ἧττον ἢ πρότερον ἠργάζετο, τοὺς δὲ μισθοὺς μείζους ἐπράττετο τοὺς βουλομένους αὐτῇ πλησιάζειν, ὡς ἐπὶ προσχήματος ἤδη τινὸς οὖσα καὶ ἀνδρὶ συνοικοῦσα. συνεσυκοφάντει δὲ καὶ οὗτος, εἴ τινα ξένον ἀγνῶτα πλούσιον λάβοι ἐραστὴν αὐτῆς, ὡς μοιχὸν ἐπ᾽ αὐτῇ ἔνδον ἀποκλείων καὶ ἀργύριον πραττόμενος πολύ, εἰκότως·

[42] οὐσία μὲν γὰρ οὐχ ὑπῆρχεν Στεφάνῳ οὐδὲ Νεαίρᾳ, ὥστε τὰ καθ᾽ ἡμέραν ἀναλώματα δύνασθαι ὑποφέρειν, ἡ δὲ διοίκησις συχνή, ὁπότ᾽ ἔδει τοῦτόν τε καὶ αὐτὴν τρέφειν καὶ παιδάρια τρία, ἃ ἦλθεν ἔχουσα ὡς αὐτόν, καὶ θεραπαίνας δύο καὶ οἰκέτην διάκονον, ἄλλως τε καὶ μεμαθηκυῖα μὴ κακῶς ἔχειν τὰ ἐπιτήδεια ἑτέρων ἀναλισκόντων αὐτῇ τὸ πρότερον.

[43] οὔτε γὰρ ἀπὸ τῆς πολιτείας προσῄει Στεφάνῳ τουτῳὶ ἄξιον λόγου· οὐ γάρ πω ἦν ῥήτωρ, ἀλλ᾽ ἔτι συκοφάντης τῶν παραβοώντων παρὰ τὸ βῆμα καὶ γραφομένων μισθοῦ καὶ φαινόντων καὶ ἐπιγραφομένων ταῖς ἀλλοτρίαις γνώμαις, ἕως ὑπέπεσε Καλλιστράτῳ τῷ Ἀφιδναίῳ· ἐξ ὅτου δὲ τρόπου καὶ δι᾽ ἣν αἰτίαν, ἐγὼ ὑμῖν καὶ περὶ τούτου διέξειμι, ἐπειδὰν περὶ ταυτησὶ Νεαίρας ἐπιδείξω ὡς ἔστι ξένη καὶ ὡς μεγάλα ὑμᾶς ἠδίκηκεν καὶ ὡς ἠσέβηκεν εἰς τοὺς θεούς,

[44] ἵν᾽ εἰδῆτε ὅτι καὶ αὐτὸς οὗτος ἄξιός ἐστιν οὐκ ἐλάττω δοῦναι δίκην ἢ καὶ Νέαιρα αὑτή, ἀλλὰ καὶ πολλῷ μείζω καὶ μᾶλλον, ὅσῳ Ἀθηναῖος φάσκων εἶναι οὕτω πολὺ τῶν νόμων καταπεφρόνηκεν καὶ ὑμῶν καὶ τῶν θεῶν, ὥστ᾽ οὐδ᾽ ὑπὲρ τῶν ἡμαρτημένων αὐτῷ αἰσχυνόμενος τολμᾷ ἡσυχίαν ἄγειν, ἀλλὰ συκοφαντῶν ἄλλους τε καὶ ἐμέ, τουτονὶ πεποίηκεν αὐτὸν καὶ ταύτην εἰς τηλικοῦτον ἀγῶνα καταστῆσαι, ὥστ᾽ ἐξετασθῆναι μὲν ταύτην ἥτις ἐστίν, ἐξελεγχθῆναι δὲ τὴν αὐτοῦ πονηρίαν.

[45] λαχόντος τοίνυν αὐτῷ τοῦ Φρυνίωνος δίκην, ὅτι αὐτοῦ ἀφείλετο Νέαιραν ταυτηνὶ εἰς ἐλευθερίαν, καὶ ὅτι, ἃ ἐξῆλθεν ἔχουσα παρ᾽ αὐτοῦ αὕτη, ὑπεδέξατο, συνῆγον αὐτοὺς οἱ ἐπιτήδειοι καὶ ἔπεισαν δίαιταν ἐπιτρέψαι αὐτοῖς. καὶ ὑπὲρ μὲν τοῦ Φρυνίωνος διαιτητὴς ἐκαθέζετο Σάτυρος Ἀλωπεκῆθεν ὁ

Against Neaira

Λακεδαιμονίου ἀδελφός, ὑπὲρ δὲ Στεφάνου τουτουὶ Σαυρίας Λαμπτρεύς· κοινὸν δὲ αὐτοῖς προσαιροῦνται Διογείτονα Ἀχαρνέα.

[46] συνελθόντες δ᾽ οὗτοι ἐν τῷ ἱερῷ, ἀκούσαντες ἀμφοτέρων καὶ αὐτῆς τῆς ἀνθρώπου τὰ πεπραγμένα, γνώμην ἀπεφήναντο, καὶ οὗτοι ἐνέμειναν αὐτῇ, τὴν μὲν ἄνθρωπον ἐλευθέραν εἶναι καὶ αὐτὴν αὑτῆς κυρίαν, ἃ δ᾽ ἐξῆλθεν ἔχουσα Νέαιρα παρὰ Φρυνίωνος χωρὶς ἱματίων καὶ χρυσίων καὶ θεραπαινῶν, ἃ αὐτῇ τῇ ἀνθρώπῳ ἠγοράσθη, ἀποδοῦναι Φρυνίωνι πάντα· συνεῖναι δ᾽ ἑκατέρῳ ἡμέραν παρ᾽ ἡμέραν· ἐὰν δὲ καὶ ἄλλως πως ἀλλήλους πείθωσι, ταῦτα κύρια εἶναι· τὰ δ᾽ ἐπιτήδεια τῇ ἀνθρώπῳ τὸν ἔχοντα ἀεὶ παρέχειν, καὶ ἐκ τοῦ λοιποῦ χρόνου φίλους εἶναι ἀλλήλοις καὶ μὴ μνησικακεῖν.

[47] ἡ μὲν οὖν γνωσθεῖσα διαλλαγὴ ὑπὸ τῶν διαιτητῶν Φρυνίωνι καὶ Στεφάνῳ περὶ Νεαίρας ταυτησὶ αὕτη ἐστίν. ὅτι δ᾽ ἀληθῆ λέγω ταῦτα, τούτων ὑμῖν τὴν μαρτυρίαν ἀναγνώσεται. κάλει μοι Σάτυρον Ἀλωπεκῆθεν, Σαυρίαν Λαμπτρέα, Διογείτονα Ἀχαρνέα. "Μαρτυρία·

Σάτυρος Ἀλωπεκῆθεν, Σαυρίας Λαμπτρεύς, Διογείτων Ἀχαρνεὺς μαρτυροῦσι διαλλάξαι διαιτηταὶ γενόμενοι περὶ Νεαίρας τῆς νυνὶ ἀγωνιζομένης Στέφανον καὶ Φρυνίωνα· τὰς δὲ διαλλαγὰς εἶναι, καθ᾽ ἃς διήλλαξαν, οἵας παρέχεται Ἀπολλόδωρος." "Διαλλαγαί

κατὰ τάδε διήλλαξαν Φρυνίωνα καὶ Στέφανον, χρῆσθαι ἑκάτερον Νεαίρᾳ τὰς ἴσας ἡμέρας τοῦ μηνὸς παρ᾽ ἑαυτοῖς ἔχοντας, ἂν μή τι ἄλλο αὐτοὶ αὑτοῖς συγχωρήσωσιν."

[48] ὡς δ᾽ ἀπηλλαγμένοι ἦσαν, οἱ παρόντες ἑκατέρῳ ἐπὶ τῇ διαίτῃ καὶ τοῖς πράγμασιν, οἷον οἶμαι φιλεῖ γίγνεσθαι ἑκάστοτε, ἄλλως τε καὶ περὶ ἑταίρας οὔσης αὐτοῖς τῆς διαφορᾶς, ἐπὶ δεῖπνον ᾖσαν ὡς ἑκάτερον αὐτῶν, ὁπότε καὶ Νέαιραν ἔχοιεν, καὶ αὑτὴ συνεδείπνει καὶ συνέπινεν ὡς ἑταίρα οὖσα. καὶ ὅτι ταῦτ᾽ ἀληθῆ λέγω, κάλει μοι μάρτυρας τοὺς συνόντας αὐτοῖς, Εὔβουλον Προβαλίσιον, Διοπείθην Μελιτέα, Κτήσωνα ἐκ Κεραμέων. "Μάρτυρες

Εὔβουλος Προβαλίσιος, Διοπείθης Μελιτεύς, Κτήσων ἐκ Κεραμέων μαρτυροῦσιν, ἐπειδὴ αἱ διαλλαγαὶ ἐγένοντο αἱ περὶ Νεαίρας Φρυνίωνι καὶ Στεφάνῳ, πολλάκις συνδειπνῆσαι αὐτοῖς καὶ συμπίνειν μετὰ Νεαίρας τῆς νυνὶ ἀγωνιζομένης, καὶ ὁπότε παρὰ Στεφάνῳ εἴη Νέαιρα καὶ ὁπότε παρὰ Φρυνίωνι."

[49] ὅτι μὲν τοίνυν ἐξ ἀρχῆς δούλη ἦν καὶ ἐπράθη δὶς καὶ ἠργάζετο τῷ σώματι ὡς ἑταίρα οὖσα, καὶ ἀπέδρα τὸν Φρυνίωνα εἰς Μέγαρα, καὶ ἥκουσα κατηγγυήθη ὡς ξένη οὖσα πρὸς τῷ πολεμάρχῳ, τῷ τε λόγῳ ἀποφαίνω ὑμῖν καὶ μεμαρτύρηται. βούλομαι δ᾽ ὑμῖν καὶ αὐτὸν Στέφανον τουτονὶ ἐπιδεῖξαι καταμεμαρτυρηκότ᾽ αὐτῆς ὡς ἔστι ξένη.

[50] τὴν γὰρ θυγατέρα τὴν ταυτησὶ Νεαίρας, ἣν ἦλθεν ἔχουσα ὡς τουτονὶ παιδάριον μικρόν, ἣν τότε μὲν Στρυβήλην ἐκάλουν, νυνὶ δὲ Φανώ, ἐκδίδωσι

Στέφανος ούτοσὶ ὡς οὖσαν αὐτοῦ θυγατέρα ἀνδρὶ Ἀθηναίῳ Φράστορι Αἰγιλιεῖ, καὶ προῖκα ἐπ᾽ αὐτῇ δίδωσι τριάκοντα μνᾶς. ὡς δ᾽ ἦλθεν ὡς τὸν Φράστορα, ἄνδρα ἐργάτην καὶ ἀκριβῶς τὸν βίον συνειλεγμένον, οὐκ ἠπίστατο τοῖς τοῦ Φράστορος τρόποις ἀρέσκειν, ἀλλ᾽ ἐζήτει τὰ τῆς μητρὸς ἔθη καὶ τὴν παρ᾽ αὐτῇ ἀκολασίαν, ἐν τοιαύτῃ οἶμαι ἐξουσίᾳ τεθραμμένη.

[51] ὁρῶν δὲ Φράστωρ αὐτὴν οὔτε κοσμίαν οὖσαν οὔτ᾽ ἐθέλουσαν αὐτοῦ ἀκροᾶσθαι, ἅμα δὲ καὶ πεπυσμένος σαφῶς ἤδη ὅτι Στεφάνου μὲν οὐκ εἴη θυγάτηρ, Νεαίρας δέ, τὸ δὲ πρῶτον ἐξηπατήθη, ὅτ᾽ ἠγγυᾶτο ὡς Στεφάνου θυγατέρα λαμβάνων καὶ οὐ Νεαίρας, ἀλλὰ τούτῳ ἐξ ἀστῆς αὐτὴν γυναικὸς οὖσαν πρότερον πρὶν ταύτῃ συνοικῆσαι, ὀργισθεὶς δ᾽ ἐπὶ τούτοις ἅπασιν, καὶ ὑβρίσθαι ἡγούμενος καὶ ἐξηπατῆσθαι, ἐκβάλλει τὴν ἄνθρωπον ὡς ἐνιαυτὸν συνοικήσας αὐτῇ, κυοῦσαν, καὶ τὴν προῖκα οὐκ ἀποδίδωσιν.

[52] λαχόντος δὲ τοῦ Στεφάνου αὐτῷ δίκην σίτου εἰς Ὠιδεῖον κατὰ τὸν νόμον ὃς κελεύει, ἐὰν ἀποπέμπῃ τὴν γυναῖκα, ἀποδιδόναι τὴν προῖκα, ἐὰν δὲ μή, ἐπ᾽ ἐννέ᾽ ὀβολοῖς τοκοφορεῖν, καὶ σίτου εἰς Ὠιδεῖον εἶναι δικάσασθαι ὑπὲρ τῆς γυναικὸς τῷ κυρίῳ, γράφεται ὁ Φράστωρ Στέφανον τουτονὶ γραφὴν πρὸς τοὺς θεσμοθέτας, Ἀθηναίῳ ὄντι ξένης θυγατέρα αὐτῷ ἐγγυῆσαι ὡς αὐτῷ προσήκουσαν, κατὰ τὸν νόμον τουτονί. καί μοι ἀνάγνωθι αὐτόν. "Νόμος·

ἐὰν δέ τις ἐκδῷ ξένην γυναῖκα ἀνδρὶ Ἀθηναίῳ ὡς ἑαυτῷ προσήκουσαν, ἄτιμος ἔστω, καὶ ἡ οὐσία αὐτοῦ δημοσία ἔστω, καὶ τοῦ ἑλόντος τὸ τρίτον μέρος. γραφέσθων δὲ πρὸς τοὺς θεσμοθέτας οἷς ἔξεστιν, καθάπερ τῆς ξενίας."

[53] τὸν μὲν τοίνυν νόμον ἀνέγνω ὑμῖν, καθ᾽ ὃν ἐγράφη Στέφανος οὑτοσὶ ὑπὸ τοῦ Φράστορος πρὸς τοὺς θεσμοθέτας. γνοὺς δ᾽ ὅτι κινδυνεύσει ἐξελεγχθεὶς ξένης θυγατέρα ἠγγυηκέναι καὶ ταῖς ἐσχάταις ζημίαις περιπεσεῖν, διαλλάττεται πρὸς τὸν Φράστορα καὶ ἀφίσταται τῆς προικός, καὶ τὴν δίκην τοῦ σίτου ἀνείλετο, καὶ ὁ Φράστωρ τὴν γραφὴν παρὰ τῶν θεσμοθετῶν. καὶ ὡς ἀληθῆ λέγω, τούτων ὑμῖν μάρτυρα αὐτὸν τὸν Φράστορα καλῶ, καὶ ἀναγκάσω μαρτυρεῖν κατὰ τὸν νόμον.

[54] κάλει μοι Φράστορα Αἰγιλιέα. "Μαρτυρία·

Φράστωρ Αἰγιλιεὺς μαρτυρεῖ, ἐπειδὴ ᾔσθετο Νεαίρας θυγατέρα ἐγγυήσαντα αὐτῷ Στέφανον ὡς ἑαυτοῦ οὖσαν θυγατέρα, γράψασθαι αὐτὸν γραφὴν πρὸς τοὺς θεσμοθέτας κατὰ τὸν νόμον, καὶ τὴν ἄνθρωπον ἐκβαλεῖν ἐκ τῆς ἑαυτοῦ οἰκίας καὶ οὐκέτι συνοικεῖν αὐτῇ, καὶ λαχόντος αὐτῷ Στεφάνου εἰς Ὠιδεῖον σίτου διαλύσασθαι πρὸς αὐτὸν Στέφανον, ὥστε τὴν γραφὴν ἀναιρεθῆναι παρὰ τῶν θεσμοθετῶν καὶ τὴν δίκην τοῦ σίτου ἣν ἔλαχεν ἐμοὶ Στέφανος."

[55] φέρε δὴ ὑμῖν καὶ ἑτέραν μαρτυρίαν παράσχωμαι τοῦ τε Φράστορος καὶ τῶν φρατέρων αὐτοῦ καὶ γεννητῶν, ὡς ἔστι ξένη Νέαιρα αὑτηί. οὐ πολλῷ χρόνῳ γὰρ ὕστερον ἢ ἐξέπεμψεν ὁ Φράστωρ τὴν τῆς Νεαίρας θυγατέρα, ἠσθένησε καὶ πάνυ πονηρῶς διετέθη καὶ εἰς πᾶσαν ἀπορίαν κατέστη. διαφορᾶς δ᾽ οὔσης αὐτῷ παλαιᾶς πρὸς τοὺς οἰκείους τοὺς αὐτοῦ καὶ ὀργῆς καὶ

Against Neaira

μίσους, πρὸς δὲ καὶ ἄπαις ὤν, ψυχαγωγούμενος ἐν τῇ ἀσθενείᾳ τῇ θεραπείᾳ τῇ ὑπό τε τῆς Νεαίρας καὶ τῆς θυγατρὸς αὐτῆς (ἐβάδιζον γὰρ πρὸς αὐτόν,

[56] ὡς ἠσθένει καὶ ἔρημος ἦν τοῦ θεραπεύσοντος τὸ νόσημα, τὰ πρόσφορα τῇ νόσῳ φέρουσαι καὶ ἐπισκοπούμεναι· ἴστε δήπου καὶ αὐτοὶ ὅσου ἀξία ἐστὶν γυνὴ ἐν ταῖς νόσοις, παροῦσα κάμνοντι ἀνθρώπῳ) ἐπείσθη δὴ τὸ παιδίον, ὃ ἔτεκεν ἡ θυγάτηρ ἡ Νεαίρας ταυτησὶ ὅτ' ἐξεπέμφθη ὑπὸ τοῦ Φράστορος κυοῦσα, πυθομένου ὅτι οὐ Στεφάνου εἴη θυγάτηρ ἀλλὰ Νεαίρας, καὶ ὀργισθέντος ἐπὶ τῇ ἀπάτῃ, πάλιν λαβεῖν καὶ ποιήσασθαι υἱὸν αὐτοῦ,

[57] λογισμὸν ἀνθρώπινον καὶ εἰκότα λογιζόμενος, ὅτι πονηρῶς μὲν ἔχοι καὶ οὐ πολλὴ ἐλπὶς εἴη αὐτὸν περιγενήσεσθαι, τοῦ δὲ μὴ λαβεῖν τοὺς συγγενεῖς τὰ αὑτοῦ μηδ' ἄπαις τετελευτηκέναι ἐποιήσατο τὸν παῖδα καὶ ἀνέλαβεν ὡς αὑτόν· ἐπεὶ ὅτι γε ὑγιαίνων οὐκ ἄν ποτε ἔπραξεν, μεγάλῳ τεκμηρίῳ καὶ περιφανεῖ ἐγὼ ὑμῖν ἐπιδείξω.

[58] ὡς γὰρ ἀνέστη τάχιστα ἐξ ἐκείνης τῆς ἀσθενείας ὁ Φράστωρ καὶ ἀνέλαβεν αὑτὸν καὶ ἔσχεν ἐπιεικῶς τὸ σῶμα, λαμβάνει γυναῖκα ἀστὴν κατὰ τοὺς νόμους, Σατύρου μὲν τοῦ Μελιτέως θυγατέρα γνησίαν, Διφίλου δὲ ἀδελφήν. ὥστε ὅτι μὲν οὐχ ἑκὼν ἀνεδέξατο τὸν παῖδα, ἀλλὰ βιασθεὶς ὑπὸ τῆς νόσου καὶ τῆς ἀπαιδίας καὶ τῆς ὑπ' αὐτῶν θεραπείας καὶ τῆς ἔχθρας τῆς πρὸς τοὺς οἰκείους, ἵνα μὴ κληρονόμοι γένωνται τῶν αὑτοῦ, ἄν τι πάθῃ, ταῦτ' ἔστω ὑμῖν τεκμήρια· δηλώσει δὲ καὶ τἀκόλουθ' αὐτῶν ἔτι μᾶλλον.

[59] ὡς γὰρ εἰσῆγεν ὁ Φράστωρ εἰς τοὺς φράτερας τὸν παῖδα ἐν τῇ ἀσθενείᾳ ὢν τὸν ἐκ τῆς θυγατρὸς τῆς Νεαίρας, καὶ εἰς τοὺς Βρυτίδας ὧν καὶ αὐτός ἐστιν ὁ Φράστωρ γεννήτης, εἰδότες οἶμαι οἱ γεννῆται τὴν γυναῖκα ἥτις ἦν, ἣν ἔλαβεν ὁ Φράστωρ τὸ πρῶτον, τὴν τῆς Νεαίρας θυγατέρα, καὶ τὴν ἀπόπεμψιν τῆς ἀνθρώπου, καὶ διὰ τὴν ἀσθένειαν πεπεισμένον αὐτὸν πάλιν ἀναλαβεῖν τὸν παῖδα, ἀποψηφίζονται τοῦ παιδὸς καὶ οὐκ ἐνέγραφον αὐτὸν εἰς σφᾶς αὐτούς.

[60] λαχόντος δὲ τοῦ Φράστορος αὐτοῖς δίκην, ὅτι οὐκ ἐνέγραφον αὐτοῦ υἱόν, προκαλοῦνται αὐτὸν οἱ γεννῆται πρὸς τῷ διαιτητῇ ὀμόσαι καθ' ἱερῶν τελείων ἦ μὴν νομίζειν εἶναι αὑτοῦ υἱὸν ἐξ ἀστῆς γυναικὸς καὶ ἐγγυητῆς κατὰ τὸν νόμον. προκαλουμένων δὲ ταῦτα τῶν γεννητῶν τὸν Φράστορα πρὸς τῷ διαιτητῇ, ἔλιπεν ὁ Φράστωρ τὸν ὅρκον καὶ οὐκ ὤμοσεν.

[61] καὶ ὅτι ἀληθῆ ταῦτα λέγω, τούτων ὑμῖν μάρτυρας τοὺς παρόντας Βρυτιδῶν παρέξομαι. "Μάρτυρες

Τιμόστρατος Ἑκάληθεν, Ξάνθιππος Ἐροιάδης, Εὐάλκης Φαληρεύς, Ἄνυτος Λακιάδης, Εὐφράνωρ Αἰγιλιεύς, Νίκιππος Κεφαλῆθεν μαρτυροῦσιν εἶναι καὶ αὑτοὺς καὶ Φράστορα τὸν Αἰγιλιέα τῶν γεννητῶν οἳ καλοῦνται Βρυτίδαι, καὶ ἀξιοῦντος Φράστορος εἰσάγειν τὸν υἱὸν αὐτοῦ εἰς τοὺς γεννήτας, εἰδότες αὐτοὶ ὅτι Φράστορος υἱὸς εἴη ἐκ τῆς θυγατρὸς τῆς Νεαίρας, κωλύειν εἰσάγειν Φράστορα τὸν υἱόν."

Against Neaira

[62] οὐκοῦν περιφανῶς ἐπιδεικνύω ὑμῖν καὶ αὐτοὺς τοὺς οἰκειοτάτους Νεαίρας ταυτησὶ καταμεμαρτυρηκότας ὡς ἔστιν ξένη, Στέφανόν τε τουτονὶ τὸν ἔχοντα ταύτην νυνὶ καὶ συνοικοῦντ᾽ αὐτῇ καὶ Φράστορα τὸν λαβόντα τὴν θυγατέρα, Στέφανον μὲν οὐκ ἐθελήσαντα ἀγωνίσασθαι ὑπὲρ τῆς θυγατρὸς τῆς ταύτης, γραφέντα ὑπὸ Φράστορος πρὸς τοὺς θεσμοθέτας ὡς Ἀθηναίῳ ὄντι ξένης θυγατέρα αὐτῷ ἠγγύησεν, ἀλλ᾽ ἀποστάντα τῆς προικὸς καὶ οὐκ ἀπολαβόντα,

[63] Φράστορα δ᾽ ἐκβαλόντα τε τὴν θυγατέρα τὴν Νεαίρας ταυτησὶ γήμαντα, ἐπειδὴ ἐπύθετο οὐ Στεφάνου οὖσαν, καὶ τὴν προῖκα οὐκ ἀποδόντα, ἐπειδή τε ἐπείσθη ὕστερον διὰ τὴν ἀσθένειαν τὴν αὑτοῦ καὶ τὴν ἀπαιδίαν καὶ τὴν ἔχθραν τὴν πρὸς τοὺς οἰκείους ποιήσασθαι τὸν υἱόν, καὶ ἐπειδὴ εἰσῆγεν εἰς τοὺς γεννήτας, ἀποψηφισαμένων τῶν γεννητῶν καὶ διδόντων ὅρκον αὐτῷ οὐκ ἐθελήσαντα ὀμόσαι, ἀλλὰ μᾶλλον εὐορκεῖν προελόμενον, καὶ ἑτέραν ὕστερον γήμαντα γυναῖκα ἀστὴν κατὰ τὸν νόμον· αὗται γὰρ αἱ πράξεις περιφανεῖς οὖσαι μεγάλας μαρτυρίας δεδώκασι κατ᾽ αὐτῶν, ὅτι ἔστι ξένη Νέαιρα αὑτηί.

[64] σκέψασθε δὲ καὶ τὴν αἰσχροκερδίαν τὴν Στεφάνου τουτουὶ καὶ τὴν πονηρίαν, ἵνα καὶ ἐκ ταύτης εἰδῆτε ὅτι οὐκ ἔστιν Νέαιρα αὑτηὶ ἀστή. Ἐπαίνετον γὰρ τὸν Ἄνδριον, ἐραστὴν ὄντα Νεαίρας ταυτησὶ παλαιὸν καὶ πολλὰ ἀνηλωκότα εἰς αὐτὴν καὶ καταγόμενον παρὰ τούτοις ὁπότε ἐπιδημήσειεν Ἀθήναζε διὰ τὴν φιλίαν τὴν Νεαίρας,

[65] ἐπιβουλεύσας Στέφανος οὑτοσί, μεταπεμψάμενος εἰς ἀγρὸν ὡς θύων, λαμβάνει μοιχὸν ἐπὶ τῇ θυγατρὶ τῇ Νεαίρας ταυτησί, καὶ εἰς φόβον καταστήσας πράττεται μνᾶς τριάκοντα, καὶ λαβὼν ἐγγυητὰς τούτων Ἀριστόμαχόν τε τὸν θεσμοθετήσαντα καὶ Ναυσίφιλον τὸν Ναυσινίκου τοῦ ἄρξαντος υἱόν, ἀφίησιν ὡς ἀποδώσοντα αὐτῷ τὸ ἀργύριον.

[66] ἐξελθὼν δὲ ὁ Ἐπαίνετος καὶ αὐτὸς αὑτοῦ κύριος γενόμενος γράφεται πρὸς τοὺς θεσμοθέτας γραφὴν Στέφανον τουτονί, ἀδίκως εἱρχθῆναι ὑπ᾽ αὐτοῦ, κατὰ τὸν νόμον ὃς κελεύει, ἐάν τις ἀδίκως εἵρξῃ ὡς μοιχόν, γράψασθαι πρὸς τοὺς θεσμοθέτας ἀδίκως εἱρχθῆναι, καὶ ἐὰν μὲν ἕλῃ τὸν εἵρξαντα καὶ δόξῃ ἀδίκως ἐπιβεβουλεῦσθαι, ἀθῷον εἶναι αὐτὸν καὶ τοὺς ἐγγυητὰς ἀπηλλάχθαι τῆς ἐγγύης· ἐὰν δὲ δόξῃ μοιχὸς εἶναι, παραδοῦναι αὐτὸν κελεύει τοὺς ἐγγυητὰς τῷ ἑλόντι, ἐπὶ δὲ τοῦ δικαστηρίου ἄνευ ἐγχειριδίου χρῆσθαι ὅ τι ἂν βουληθῇ, ὡς μοιχῷ ὄντι.

[67] κατὰ δὴ τοῦτον τὸν νόμον γράφεται αὐτὸν ὁ Ἐπαίνετος, καὶ ὡμολόγει μὲν χρῆσθαι τῇ ἀνθρώπῳ, οὐ μέντοι μοιχός γε εἶναι· οὔτε γὰρ Στεφάνου θυγατέρα αὐτὴν εἶναι ἀλλὰ Νεαίρας, τήν τε μητέρα αὐτῆς συνειδέναι πλησιάζουσαν αὐτῷ, ἀνηλωκέναι τε πολλὰ εἰς αὐτάς, τρέφειν τε ὁπότε ἐπιδημήσειεν, τὴν οἰκίαν ὅλην· τόν τε νόμον ἐπὶ τούτοις παρεχόμενος, ὃς οὐκ ἐᾷ ἐπὶ ταύτῃσι μοιχὸν λαβεῖν ὁπόσαι ἂν ἐπ᾽ ἐργαστηρίου καθῶνται ἢ πωλῶνται ἀποπεφασμένως, ἐργαστήριον φάσκων καὶ τοῦτο εἶναι, τὴν Στεφάνου οἰκίαν, καὶ τὴν ἐργασίαν ταύτην εἶναι, καὶ ἀπὸ τούτων αὐτοὺς εὐπορεῖν μάλιστα.

Against Neaira

[68] τούτους δὲ τοὺς λόγους λέγοντος τοῦ Ἐπαινέτου καὶ τὴν γραφὴν γεγραμμένου, γνοὺς Στέφανος οὑτοσὶ ὅτι ἐξελεγχθήσεται πορνοβοσκῶν καὶ συκοφαντῶν, δίαιταν ἐπιτρέπει πρὸς τὸν Ἐπαίνετον αὐτοῖς τοῖς ἐγγυηταῖς, ὥστε τῆς μὲν ἐγγύης αὐτοὺς ἀφεῖσθαι, τὴν δὲ γραφὴν ἀνελέσθαι τὸν Ἐπαίνετον.

[69] πεισθέντος δὲ τοῦ Ἐπαινέτου ἐπὶ τούτοις καὶ ἀνελομένου τὴν γραφὴν ἣν ἐδίωκε Στέφανον, γενομένης συνόδου αὐτοῖς καὶ καθεζομένων διαιτητῶν τῶν ἐγγυητῶν, δίκαιον μὲν οὐδὲν εἶχε λέγειν Στέφανος, εἰς ἔκδοσιν δ' ἠξίου τὸν Ἐπαίνετον τῇ τῆς Νεαίρας θυγατρὶ συμβαλέσθαι, λέγων τὴν ἀπορίαν τὴν αὐτοῦ καὶ τὴν ἀτυχίαν τὴν πρότερον γενομένην τῇ ἀνθρώπῳ πρὸς τὸν Φράστορα, καὶ ὅτι ἀπολωλεκὼς εἴη τὴν προῖκα, καὶ οὐκ ἂν δύναιτο πάλιν αὐτὴν ἐκδοῦναι·

[70] 'σὺ δὲ καὶ κέχρησαι' ἔφη 'τῇ ἀνθρώπῳ, καὶ δίκαιος εἶ ἀγαθόν τι ποιῆσαι αὐτήν', καὶ ἄλλους ἐπαγωγοὺς λόγους, οὓς ἄν τις δεόμενος ἐκ πονηρῶν πραγμάτων εἴποι ἄν. ἀκούσαντες δ' ἀμφοτέρων αὐτῶν οἱ διαιτηταὶ διαλλάττουσιν αὐτούς, καὶ πείθουσι τὸν Ἐπαίνετον χιλίας δραχμὰς εἰσενεγκεῖν εἰς τὴν ἔκδοσιν τῇ θυγατρὶ τῇ Νεαίρας. καὶ ὅτι πάντα ταῦτα ἀληθῆ λέγω, τούτων ὑμῖν μάρτυρας αὐτοὺς τοὺς ἐγγυητὰς καὶ διαιτητὰς γενομένους καλῶ.

[71] "Μάρτυρες

Ναυσίφιλος Κεφαλῆθεν, Ἀριστόμαχος Κεφαλῆθεν μαρτυροῦσιν ἐγγυηταὶ γενέσθαι Ἐπαινέτου τοῦ Ἀνδρίου, ὅτ' ἔφη Στέφανος μοιχὸν εἰληφέναι Ἐπαίνετον· καὶ ἐπειδὴ ἐξῆλθεν Ἐπαίνετος παρὰ Στεφάνου καὶ κύριος ἐγένετο αὑτοῦ, γράψασθαι γραφὴν Στέφανον πρὸς τοὺς θεσμοθέτας, ὅτι αὐτὸν ἀδίκως εἷρξεν· καὶ αὐτοὶ διαλλακταὶ γενόμενοι διαλλάξαι Ἐπαίνετον καὶ Στέφανον· τὰς δὲ διαλλαγὰς εἶναι ἃς παρέχεται Ἀπολλόδωρος." "Διαλλαγαὶ

ἐπὶ τοῖσδε διήλλαξαν Στέφανον καὶ Ἐπαίνετον οἱ διαλλακταί, τῶν μὲν γεγενημένων περὶ τὸν εἱργμὸν μηδεμίαν μνείαν ἔχειν, Ἐπαίνετον δὲ δοῦναι χιλίας δραχμὰς Φανοῖ εἰς ἔκδοσιν, ἐπειδὴ κέχρηται αὐτῇ πολλάκις· Στέφανον δὲ παρέχειν Φανὼ Ἐπαινέτῳ, ὁπόταν ἐπιδημῇ καὶ βούληται συνεῖναι αὐτῇ."

[72] τὴν τοίνυν περιφανῶς ἐγνωσμένην ξένην εἶναι καὶ ἐφ' ᾗ μοιχὸν οὗτος ἐτόλμησε λαβεῖν, εἰς τοσοῦτον ὕβρεως καὶ ἀναιδείας ἦλθε Στέφανος οὑτοσὶ καὶ Νέαιρα αὑτηί, ὥστε ἐτόλμησαν μὴ ἀγαπᾶν εἰ ἔφασκον αὐτὴν ἀστὴν εἶναι, ἀλλὰ κατιδόντες Θεογένην Κοιρωνίδην λαχόντα βασιλέα, ἄνθρωπον εὐγενῆ μέν, πένητα δὲ καὶ ἄπειρον πραγμάτων, συμπαραγενόμενος αὐτῷ δοκιμαζομένῳ καὶ συνευπορήσας ἀναλωμάτων, ὅτε εἰσῄει εἰς τὴν ἀρχήν, Στέφανος οὑτοσί, καὶ ὑπελθὼν καὶ τὴν ἀρχὴν παρ' αὐτοῦ πριάμενος, πάρεδρος γενόμενος, δίδωσι τὴν ἄνθρωπον ταύτην γυναῖκα, τὴν τῆς Νεαίρας θυγατέρα, καὶ ἐγγυᾷ Στέφανος οὑτοσὶ ὡς αὑτοῦ θυγατέρα οὖσαν· οὕτω πολὺ τῶν νόμων καὶ ὑμῶν κατεφρόνησεν.

Against Neaira

[73] καὶ αὕτη ἡ γυνὴ ὑμῖν ἔθυε τὰ ἄρρητα ἱερὰ ὑπὲρ τῆς πόλεως, καὶ εἶδεν ἃ οὐ προσῆκεν αὐτὴν ὁρᾶν ξένην οὖσαν, καὶ τοιαύτη οὖσα εἰσῆλθεν οἷ οὐδεὶς ἄλλος Ἀθηναίων τοσούτων ὄντων εἰσέρχεται ἀλλ᾽ ἢ ἡ τοῦ βασιλέως γυνή, ἐξώρκωσέν τε τὰς γεραρὰς τὰς ὑπηρετούσας τοῖς ἱεροῖς, ἐξεδόθη δὲ τῷ Διονύσῳ γυνή, ἔπραξε δὲ ὑπὲρ τῆς πόλεως τὰ πάτρια τὰ πρὸς τοὺς θεούς, πολλὰ καὶ ἅγια καὶ ἀπόρρητα. ἃ δὲ μηδ᾽ ἀκοῦσαι πᾶσιν οἷόν τ᾽ ἐστίν, πῶς ποιῆσαί γε τῇ ἐπιτυχούσῃ εὐσεβῶς ἔχει, ἄλλως τε καὶ τοιαύτῃ γυναικὶ καὶ τοιαῦτα ἔργα διαπεπραγμένῃ;

[74] βούλομαι δ᾽ ὑμῖν ἀκριβέστερον περὶ αὐτῶν ἄνωθεν διηγήσασθαι καθ᾽ ἕκαστον, ἵνα μᾶλλον ἐπιμέλειαν ποιήσησθε τῆς τιμωρίας, καὶ εἰδῆτε ὅτι οὐ μόνον ὑπὲρ ὑμῶν αὐτῶν καὶ τῶν νόμων τὴν ψῆφον οἴσετε, ἀλλὰ καὶ τῆς πρὸς τοὺς θεοὺς εὐλαβείας, τιμωρίαν ὑπὲρ τῶν ἠσεβημένων ποιούμενοι καὶ κολάζοντες τοὺς ἠδικηκότας. τὸ γὰρ ἀρχαῖον, ὦ ἄνδρες Ἀθηναῖοι, δυναστεία ἐν τῇ πόλει ἦν καὶ ἡ βασιλεία τῶν ἀεὶ ὑπερεχόντων διὰ τὸ αὐτόχθονας εἶναι, τὰς δὲ θυσίας ἁπάσας ὁ βασιλεὺς ἔθυε, καὶ τὰς σεμνοτάτας καὶ ἀρρήτους ἡ γυνὴ αὐτοῦ ἐποίει, εἰκότως, βασίλιννα οὖσα.

[75] ἐπειδὴ δὲ Θησεὺς συνῴκισεν αὐτοὺς καὶ δημοκρατίαν ἐποίησεν καὶ ἡ πόλις πολυάνθρωπος ἐγένετο, τὸν μὲν βασιλέα οὐδὲν ἧττον ὁ δῆμος ᾑρεῖτο ἐκ προκρίτων κατ᾽ ἀνδραγαθίαν χειροτονῶν, τὴν δὲ γυναῖκα αὐτοῦ νόμον ἔθεντο ἀστὴν εἶναι καὶ μὴ ἐπιμεμειγμένην ἑτέρῳ ἀνδρὶ ἀλλὰ παρθένον γαμεῖν, ἵνα κατὰ τὰ πάτρια θύηται τὰ ἄρρητα ἱερὰ ὑπὲρ τῆς πόλεως, καὶ τὰ νομιζόμενα γίγνηται τοῖς θεοῖς εὐσεβῶς καὶ μηδὲν καταλύηται μηδὲ καινοτομῆται.

[76] καὶ τοῦτον τὸν νόμον γράψαντες ἐν στήλῃ λιθίνῃ ἔστησαν ἐν τῷ ἱερῷ τοῦ Διονύσου παρὰ τὸν βωμὸν ἐν Λίμναις (καὶ αὕτη ἡ στήλη ἔτι καὶ νῦν ἕστηκεν, ἀμυδροῖς γράμμασιν Ἀττικοῖς δηλοῦσα τὰ γεγραμμένα), μαρτυρίαν ποιούμενος ὁ δῆμος ὑπὲρ τῆς αὑτοῦ εὐσεβείας πρὸς τὸν θεὸν καὶ παρακαταθήκην καταλείπων τοῖς ἐπιγιγνομένοις, ὅτι τήν γε θεῷ γυναῖκα δοθησομένην καὶ ποιήσουσαν τὰ ἱερὰ τοιαύτην ἀξιοῦμεν εἶναι. καὶ διὰ ταῦτα ἐν τῷ ἀρχαιοτάτῳ ἱερῷ τοῦ Διονύσου καὶ ἁγιωτάτῳ ἐν Λίμναις ἔστησαν, ἵνα μὴ πολλοὶ εἰδῶσιν τὰ γεγραμμένα· ἅπαξ γὰρ τοῦ ἐνιαυτοῦ ἑκάστου ἀνοίγεται, τῇ δωδεκάτῃ τοῦ ἀνθεστηριῶνος μηνός.

[77] ὑπὲρ τοίνυν ἁγίων καὶ σεμνῶν ἱερῶν, ὧν οἱ πρόγονοι ὑμῶν οὕτως καλῶς καὶ μεγαλοπρεπῶς ἐπεμελήθησαν, ἄξιον καὶ ὑμᾶς σπουδάσαι, ὦ ἄνδρες Ἀθηναῖοι, καὶ τοὺς ἀσελγῶς μὲν καταφρονοῦντας τῶν νόμων τῶν ὑμετέρων, ἀναιδῶς δ᾽ ἠσεβηκότας εἰς τοὺς θεοὺς ἄξιον τιμωρήσασθαι δυοῖν ἕνεκα, ἵνα οὗτοί τε τῶν ἠδικημένων δίκην δῶσιν, οἵ τ᾽ ἄλλοι πρόνοιαν ποιῶνται καὶ φοβῶνται μηδὲν εἰς τοὺς θεοὺς καὶ τὴν πόλιν ἁμαρτάνειν.

[78] βούλομαι δ᾽ ὑμῖν καὶ τὸν ἱεροκήρυκα καλέσαι, ὃς ὑπηρετεῖ τῇ τοῦ βασιλέως γυναικί, ὅταν ἐξορκοῖ τὰς γεραρὰς τὰς ἐν κανοῖς πρὸς τῷ βωμῷ, πρὶν ἅπτεσθαι τῶν ἱερῶν, ἵνα καὶ τοῦ ὅρκου καὶ τῶν λεγομένων ἀκούσητε, ὅσα

Against Neaira

οἷόν τ' ἐστὶν ἀκούειν, καὶ εἰδῆτε ὡς σεμνὰ καὶ ἅγια καὶ ἀρχαῖα τὰ νόμιμά ἐστιν.

"Ὅρκος Γεραρῶν

ἁγιστεύω καὶ εἰμὶ καθαρὰ καὶ ἁγνὴ ἀπό τε τῶν ἄλλων τῶν οὐ καθαρευόντων καὶ ἀπ' ἀνδρὸς συνουσίας, καὶ τὰ θεοίνια καὶ τὰ ἰοβάκχεια γεραρῶ τῷ Διονύσῳ κατὰ τὰ πάτρια καὶ ἐν τοῖς καθήκουσι χρόνοις."

[79] τοῦ μὲν ὅρκου τοίνυν καὶ τῶν νομιζομένων πατρίων, ὅσα οἷόν τ' ἐστὶν εἰπεῖν, ἀκηκόατε, καὶ ὡς ἣν Στέφανος ἠγγύησεν τῷ Θεογένει γυναῖκα βασιλεύοντι ὡς αὐτοῦ οὖσαν θυγατέρα, αὕτη ἐποίει τὰ ἱερὰ ταῦτα καὶ ἐξώρκου τὰς γεραράς, καὶ ὅτι οὐδ' αὐταῖς ταῖς ὁρώσαις τὰ ἱερὰ ταῦτα οἷόν τ' ἐστὶν λέγειν πρὸς ἄλλον οὐδένα. φέρε δὴ καὶ μαρτυρίαν παράσχωμαι ὑμῖν δι' ἀπορρήτου μὲν γεγενημένην, ὅμως δὲ αὐτοῖς τοῖς πεπραγμένοις ἐπιδείξω φανερὰν οὖσαν αὐτὴν καὶ ἀληθῆ.

[80] ὡς γὰρ ἐγένετο τὰ ἱερὰ ταῦτα καὶ ἀνέβησαν εἰς Ἄρειον πάγον οἱ ἐννέα ἄρχοντες ταῖς καθηκούσαις ἡμέραις, εὐθὺς ἡ βουλὴ ἡ ἐν Ἀρείῳ πάγῳ, ὥσπερ καὶ τἆλλα πολλοῦ ἀξία ἐστὶν τῇ πόλει περὶ εὐσέβειαν, ἐζήτει τὴν γυναῖκα ταύτην τοῦ Θεογένους ἥτις ἦν, καὶ ἐξήλεγχεν, καὶ περὶ τῶν ἱερῶν πρόνοιαν ἐποιεῖτο, καὶ ἐζημίου τὸν Θεογένην ὅσα κυρία ἐστίν, ἐν ἀπορρήτῳ δὲ καὶ διὰ κοσμιότητος· οὐ γὰρ αὐτοκράτορές εἰσιν, ὡς ἂν βούλωνται, Ἀθηναίων τινὰ κολάσαι.

[81] γενομένων δὲ λόγων, καὶ χαλεπῶς φερούσης τῆς ἐν Ἀρείῳ πάγῳ βουλῆς καὶ ζημιούσης τὸν Θεογένην ὅτι τοιαύτην ἔλαβεν γυναῖκα καὶ ταύτην εἴασε ποιῆσαι τὰ ἱερὰ τὰ ἄρρητα ὑπὲρ τῆς πόλεως, ἐδεῖτο ὁ Θεογένης ἱκετεύων καὶ ἀντιβολῶν, λέγων ὅτι οὐκ ᾔδει Νεαίρας αὐτὴν οὖσαν θυγατέρα, ἀλλ' ἐξαπατηθείη ὑπὸ Στεφάνου, ὡς αὐτοῦ θυγατέρα οὖσαν αὐτὴν λαμβάνων γνησίαν κατὰ τὸν νόμον, καὶ διὰ τὴν ἀπειρίαν τῶν πραγμάτων καὶ τὴν ἀκακίαν τὴν ἑαυτοῦ τοῦτον πάρεδρον ποιήσαιτο, ἵνα διοικήσῃ τὴν ἀρχήν, ὡς εὔνουν ὄντα, καὶ διὰ τοῦτο κηδεύσειεν αὐτῷ.

[82] 'ὅτι δὲ' ἔφη 'οὐ ψεύδομαι, μεγάλῳ τεκμηρίῳ καὶ περιφανεῖ ἐπιδείξω ὑμῖν· τὴν γὰρ ἄνθρωπον ἀποπέμψω ἐκ τῆς οἰκίας, ἐπειδὴ οὐκ ἔστιν Στεφάνου θυγάτηρ ἀλλὰ Νεαίρας. κἂν μὲν ταῦτα ποιήσω, ἤδη πιστοὶ ὑμῖν ὄντων οἱ λόγοι οἱ παρ' ἐμοῦ λεγόμενοι, ὅτι ἐξηπατήθην· ἐὰν δὲ μὴ ποιήσω, τότ' ἤδη με κολάζετε ὡς πονηρὸν ὄντα καὶ εἰς τοὺς θεοὺς ἠσεβηκότα.'

[83] ὑποσχομένου δὲ ταῦτα τοῦ Θεογένους καὶ δεομένου, ἅμα μὲν καὶ ἐλεήσασα αὐτὸν ἡ ἐν Ἀρείῳ πάγῳ βουλὴ διὰ τὴν ἀκακίαν τοῦ τρόπου, ἅμα δὲ καὶ ἐξηπατῆσθαι τῇ ἀληθείᾳ ἡγουμένη ὑπὸ τοῦ Στεφάνου, ἐπέσχεν. ὡς δὲ κατέβη ἐξ Ἀρείου πάγου ὁ Θεογένης, εὐθὺς τήν τε ἄνθρωπον τὴν ταυτησὶ Νεαίρας θυγατέρα ἐκβάλλει ἐκ τῆς οἰκίας, τόν τε Στέφανον τὸν ἐξαπατήσαντα αὐτὸν τουτονὶ ἀπελαύνει ἀπὸ τοῦ συνεδρίου. καὶ οὕτως ἐπαύσαντο οἱ Ἀρεοπαγῖται κρίνοντες τὸν Θεογένην καὶ ὀργιζόμενοι αὐτῷ, καὶ συγγνώμην εἶχον ἐξαπατηθέντι.

[84] καὶ ὅτι ταῦτ᾽ ἀληθῆ λέγω, τούτων ὑμῖν μάρτυρα αὐτὸν τὸν Θεογένην καλῶ καὶ ἀναγκάσω μαρτυρεῖν. κάλει μοι Θεογένην Ἐρχιέα. "Μαρτυρία·

Θεογένης Ἐρχιεὺς μαρτυρεῖ, ὅτε αὐτὸς ἐβασίλευεν, γῆμαι Φανὼ ὡς Στεφάνου οὖσαν θυγατέρα, ἐπεὶ δὲ ᾔσθετο ἐξηπατημένος, τήν τε ἄνθρωπον ἐκβαλεῖν καὶ οὐκέτι συνοικεῖν αὐτῇ, καὶ Στέφανον ἀπελάσαι ἀπὸ τῆς παρεδρίας καὶ οὐκ ἐᾶν ἔτι παρεδρεύειν αὐτῷ."

[85] λαβὲ δή μοι τὸν νόμον τὸν ἐπὶ τούτοις τουτονὶ καὶ ἀνάγνωθι, ἵν᾽ εἰδῆτε ὅτι οὐ μόνον προσῆκεν αὐτὴν ἀπέχεσθαι τῶν ἱερῶν τούτων τοιαύτην οὖσαν καὶ τοιαῦτα διαπεπραγμένην, τοῦ ὁρᾶν καὶ θύειν καὶ ποιεῖν τι τῶν νομιζομένων ὑπὲρ τῆς πόλεως πατρίων, ἀλλὰ καὶ τῶν ἄλλων τῶν Ἀθήνησιν ἁπάντων. ἐφ᾽ ᾗ γὰρ ἂν μοιχὸς ἁλῷ γυναικί, οὐκ ἔξεστιν αὐτῇ ἐλθεῖν εἰς οὐδὲν τῶν ἱερῶν τῶν δημοτελῶν, εἰς ἃ καὶ τὴν ξένην καὶ τὴν δούλην ἐλθεῖν ἐξουσίαν ἔδοσαν οἱ νόμοι καὶ θεασομένην καὶ ἱκετεύσουσαν εἰσιέναι·

[86] ἀλλὰ μόναις ταύταις ἀπαγορεύουσιν οἱ νόμοι ταῖς γυναιξὶ μὴ εἰσιέναι εἰς τὰ ἱερὰ τὰ δημοτελῆ, ἐφ᾽ ᾗ ἂν μοιχὸς ἁλῷ, ἐὰν δ᾽ εἰσίωσι καὶ παρανομῶσι, νηποινεὶ πάσχειν ὑπὸ τοῦ βουλομένου ὅ τι ἂν πάσχῃ, πλὴν θανάτου, καὶ ἔδωκεν ὁ νόμος τὴν τιμωρίαν ὑπὲρ αὐτῶν τῷ ἐντυχόντι. διὰ τοῦτο δ᾽ ἐποίησεν ὁ νόμος, πλὴν θανάτου, τἆλλα ὑβρισθεῖσαν αὐτὴν μηδαμοῦ λαβεῖν δίκην, ἵνα μὴ μιάσματα μηδ᾽ ἀσεβήματα γίγνηται ἐν τοῖς ἱεροῖς, ἱκανὸν φόβον ταῖς γυναιξὶ παρασκευάζων τοῦ σωφρονεῖν καὶ μηδὲν ἁμαρτάνειν, ἀλλὰ δικαίως οἰκουρεῖν, διδάσκων ὡς, ἄν τι ἁμάρτῃ τοιοῦτον, ἅμα ἔκ τε τῆς οἰκίας τοῦ ἀνδρὸς ἐκβεβλημένη ἔσται καὶ ἐκ τῶν ἱερῶν τῶν τῆς πόλεως.

[87] καὶ ὅτι ταῦτα οὕτως ἔχει, τοῦ νόμου αὐτοῦ ἀκούσαντες ἀναγνωσθέντος εἴσεσθε. καί μοι λαβέ. "Νόμος Μοιχείας·

ἐπειδὰν δὲ ἕλῃ τὸν μοιχόν, μὴ ἐξέστω τῷ ἑλόντι συνοικεῖν τῇ γυναικί· ἐὰν δὲ συνοικῇ, ἄτιμος ἔστω. μηδὲ τῇ γυναικὶ ἐξέστω εἰσιέναι εἰς τὰ ἱερὰ τὰ δημοτελῆ, ἐφ᾽ ᾗ ἂν μοιχὸς ἁλῷ· ἐὰν δ᾽ εἰσίῃ, νηποινεὶ πασχέτω ὅ τι ἂν πάσχῃ, πλὴν θανάτου."

[88] βούλομαι τοίνυν ὑμῖν, ὦ ἄνδρες Ἀθηναῖοι, καὶ τοῦ δήμου τοῦ Ἀθηναίων μαρτυρίαν παρασχέσθαι, ὡς σπουδάζει περὶ τὰ ἱερὰ ταῦτα καὶ ὡς πολλὴν πρόνοιαν περὶ αὐτῶν πεποίηται. ὁ γὰρ δῆμος ὁ Ἀθηναίων κυριώτατος ὢν τῶν ἐν τῇ πόλει ἁπάντων, καὶ ἐξὸν αὐτῷ ποιεῖν ὅ τι ἂν βούληται, οὕτω καλὸν καὶ σεμνὸν ἡγήσατ᾽ εἶναι δῶρον τὸ Ἀθηναῖον γενέσθαι, ὥστε νόμους ἔθετο αὑτῷ καθ᾽ οὓς ποιεῖσθαι δεῖ, ἐάν τινα βούλωνται, πολίτην, οἳ νῦν προπεπηλακισμένοι εἰσὶν ὑπὸ Στεφάνου τουτουὶ καὶ τῶν οὕτω γεγαμηκότων.

[89] ὅμως δ᾽ ἀκούοντες αὐτῶν βελτίους ἔσεσθε, καὶ τὰ κάλλιστα καὶ τὰ σεμνότατα δῶρα τοῖς εὐεργετοῦσι τὴν πόλιν διδόμενα γνώσεσθε ὡς λελυμασμένοι εἰσίν. πρῶτον μὲν γὰρ νόμος ἐστὶ τῷ δήμῳ κείμενος μὴ ἐξεῖναι ποιήσασθαι Ἀθηναῖον, ὃν ἂν μὴ δι᾽ ἀνδραγαθίαν εἰς τὸν δῆμον τὸν Ἀθηναίων

Against Neaira

ἄξιον ᾖ γενέσθαι πολίτην. ἔπειτ' ἐπειδὰν πεισθῇ ὁ δῆμος καὶ δῷ τὴν δωρεάν, οὐκ ἐᾷ κυρίαν γενέσθαι τὴν ποίησιν, ἐὰν μὴ τῇ ψήφῳ εἰς τὴν ἐπιοῦσαν ἐκκλησίαν ὑπερεξακισχίλιοι Ἀθηναίων ψηφίσωνται κρύβδην ψηφιζόμενοι.

[90] τοὺς δὲ πρυτάνεις κελεύει τιθέναι τοὺς καδίσκους ὁ νόμος καὶ τὴν ψῆφον διδόναι προσιόντι τῷ δήμῳ πρὶν τοὺς ξένους εἰσιέναι, καὶ τὰ γέρρα ἀναιρεῖν, ἵνα κύριος ὢν αὐτὸς αὑτοῦ ἕκαστος σκοπῆται πρὸς αὑτὸν ὅντινα μέλλει πολίτην ποιήσεσθαι, εἰ ἄξιός ἐστι τῆς δωρεᾶς ὁ μέλλων λήψεσθαι. ἔπειτα μετὰ ταῦτα παρανόμων γραφὴν ἐποίησε κατ' αὐτοῦ τῷ βουλομένῳ Ἀθηναίων, καὶ ἔστιν εἰσελθόντα εἰς τὸ δικαστήριον ἐξελέγξαι ὡς οὐκ ἄξιός ἐστι τῆς δωρεᾶς, ἀλλὰ παρὰ τοὺς νόμους Ἀθηναῖος γέγονεν.

[91] καὶ ἤδη τισὶ τοῦ δήμου δόντος τὴν δωρεάν, λόγῳ ἐξαπατηθέντος ὑπὸ τῶν αἰτούντων, παρανόμων γραφῆς γενομένης καὶ εἰσελθούσης εἰς τὸ δικαστήριον, ἐξελεγχθῆναι συνέβη τὸν εἰληφότα τὴν δωρεὰν μὴ ἄξιον εἶναι αὐτῆς, καὶ ἀφείλετο τὸ δικαστήριον. καὶ τοὺς μὲν πολλοὺς καὶ παλαιοὺς ἔργον διηγήσασθαι· ἃ δὲ πάντες μνημονεύετε, Πειθόλαν τε τὸν Θετταλὸν καὶ Ἀπολλωνίδην τὸν Ὀλύνθιον πολίτας ὑπὸ τοῦ δήμου γενομένους ἀφείλετο τὸ δικαστήριον·

[92] ταῦτα γὰρ οὐ πάλαι ἐστὶ γεγενημένα ὥστε ἀγνοεῖν ὑμᾶς. οὕτως τοίνυν καλῶς καὶ ἰσχυρῶς τῶν νόμων κειμένων ὑπὲρ τῆς πολιτείας, δι' ὧν δεῖ Ἀθηναῖον γενέσθαι, ἕτερός ἐστιν ἐφ' ἅπασι τούτοις κυριώτατος νόμος κείμενος· οὕτω πολλὴν ὁ δῆμος πρόνοιαν ἐποιεῖτο ὑπὲρ αὑτοῦ καὶ τῶν θεῶν ὥστε δι' εὐσεβείας τὰ ἱερὰ θύεσθαι ὑπὲρ τῆς πόλεως. ὅσους γὰρ ἂν ποιήσηται ὁ δῆμος ὁ Ἀθηναίων πολίτας, ὁ νόμος ἀπαγορεύει διαρρήδην μὴ ἐξεῖναι αὐτοῖς τῶν ἐννέα ἀρχόντων γενέσθαι, μηδὲ ἱερωσύνης μηδεμιᾶς μετασχεῖν· τοῖς δ' ἐκ τούτων μετέδωκεν ἤδη ὁ δῆμος ἁπάντων, καὶ προσέθηκεν 'ἐὰν ὦσιν ἐκ γυναικὸς ἀστῆς καὶ ἐγγυητῆς κατὰ τὸν νόμον.'

[93] καὶ ὅτι ταῦτ' ἀληθῆ λέγω, μεγάλῃ καὶ περιφανεῖ μαρτυρίᾳ ἐγὼ ὑμῖν δηλώσω. βούλομαι δ' ὑμῖν τὸν νόμον πόρρωθεν προδιηγήσασθαι, ὡς ἐτέθη καὶ πρὸς οὓς διωρίσθη, ὡς ἄνδρας ἀγαθοὺς ὄντας καὶ βεβαίους φίλους περὶ τὸν δῆμον γεγονότας. ἐκ τούτων γὰρ ἁπάντων εἴσεσθε τήν τε τοῦ δήμου δωρεὰν τὴν ἀπόθετον τοῖς εὐεργέταις προπηλακιζομένην, καὶ ὅσων ὑμᾶς ἀγαθῶν κωλύουσι κυρίους εἶναι Στέφανός τε οὑτοσὶ καὶ οἱ τὸν αὐτὸν τρόπον τούτῳ γεγαμηκότες καὶ παιδοποιούμενοι.

[94] Πλαταιῆς γάρ, ὦ ἄνδρες Ἀθηναῖοι, μόνοι τῶν Ἑλλήνων ὑμῖν ἐβοήθησαν Μαραθῶνάδε, ὅτε Δᾶτις ὁ βασιλέως Δαρείου στρατηγὸς ἀναχωρῶν ἐξ Ἐρετρίας Εὔβοιαν ὑφ' ἑαυτῷ ποιησάμενος, ἀπέβη εἰς τὴν χώραν πολλῇ δυνάμει καὶ ἐπόρθει. καὶ ἔτι καὶ νῦν τῆς ἀνδραγαθίας αὐτῶν ὑπομνήματα ἡ ἐν τῇ ποικίλῃ στοᾷ γραφὴ δεδήλωκεν· ὡς ἕκαστος γὰρ τάχους εἶχεν, εὐθὺς προσβοηθῶν γέγραπται, οἱ τὰς κυνᾶς τὰς Βοιωτίας ἔχοντες.

[95] πάλιν δὲ Ξέρξου ἰόντος ἐπὶ τὴν Ἑλλάδα, Θηβαίων μηδισάντων, οὐκ ἐτόλμησαν ἀποστῆναι τῆς ὑμετέρας φιλίας, ἀλλὰ μόνοι τῶν ἄλλων Βοιωτῶν οἱ μὲν ἡμίσεις αὐτῶν μετὰ Λακεδαιμονίων καὶ Λεωνίδου ἐν Θερμοπύλαις παραταξάμενοι τῷ βαρβάρῳ ἐπιόντι συναπώλοντο, οἱ δὲ λοιποὶ ἐμβάντες εἰς τὰς ὑμετέρας τριήρεις, ἐπειδὴ αὐτοῖς οἰκεῖα σκάφη οὐχ ὑπῆρχεν, συνεναυμάχουν ὑμῖν ἐπί τε Ἀρτεμισίῳ καὶ ἐν Σαλαμῖνι,

[96] καὶ τὴν τελευταίαν μάχην Πλαταιᾶσι Μαρδονίῳ τῷ βασιλέως στρατηγῷ μεθ' ὑμῶν καὶ τῶν συνελευθερούντων τὴν Ἑλλάδα μαχεσάμενοι, εἰς κοινὸν τὴν ἐλευθερίαν τοῖς ἄλλοις Ἕλλησι κατέθηκαν. ἐπεὶ δὲ Παυσανίας ὁ Λακεδαιμονίων βασιλεὺς ὑβρίζειν ἐνεχείρει ὑμᾶς, καὶ οὐκ ἠγάπα ὅτι τῆς ἡγεμονίας μόνοι ἠξιώθησαν Λακεδαιμόνιοι ὑπὸ τῶν Ἑλλήνων, καὶ ἡ πόλις τῇ μὲν ἀληθείᾳ ἡγεῖτο τῆς ἐλευθερίας τοῖς Ἕλλησιν, τῇ δὲ φιλοτιμίᾳ οὐκ ἠναντιοῦτο τοῖς Λακεδαιμονίοις, ἵνα μὴ φθονηθῶσιν ὑπὸ τῶν συμμάχων—

[97] ἐφ' οἷς φυσηθεὶς Παυσανίας ὁ τῶν Λακεδαιμονίων βασιλεὺς ἐπέγραψεν ἐπὶ τὸν τρίποδα τὸν ἐν Δελφοῖς, ὃν οἱ Ἕλληνες οἱ συμμαχεσάμενοι τὴν Πλαταιᾶσι μάχην καὶ τὴν ἐν Σαλαμῖνι ναυμαχίαν ναυμαχήσαντες κοινῇ ποιησάμενοι ἀνέθηκαν ἀριστεῖον τῷ Ἀπόλλωνι ἀπὸ τῶν βαρβάρων, "Ἑλλήνων ἀρχηγός, ἐπεὶ στρατὸν ὤλεσε Μήδων, / Παυσανίας Φοίβῳ μνῆμ' ἀνέθηκε τόδε," ὡς αὐτοῦ τοῦ ἔργου ὄντος καὶ τοῦ ἀναθήματος, ἀλλ' οὐ κοινοῦ τῶν συμμάχων·

[98] ὀργισθέντων δὲ τῶν Ἑλλήνων, οἱ Πλαταιεῖς λαγχάνουσι δίκην τοῖς Λακεδαιμονίοις εἰς τοὺς Ἀμφικτύονας χιλίων ταλάντων ὑπὲρ τῶν συμμάχων, καὶ ἠνάγκασαν αὐτοὺς ἐκκολάψαντας τὰ ἐλεγεῖα ἐπιγράψαι τὰς πόλεις τὰς κοινωνούσας τοῦ ἔργου. δι' ὅπερ αὐτοῖς οὐχ ἥκιστα παρηκολούθει ἡ ἔχθρα ἡ παρὰ Λακεδαιμονίων καὶ ἐκ τοῦ γένους τοῦ βασιλείου. καὶ ἐν μὲν τῷ παρόντι οὐκ εἶχον αὐτοῖς ὅ τι χρήσωνται οἱ Λακεδαιμόνιοι, ὕστερον δὲ ὡς πεντήκοντα ἔτεσιν Ἀρχίδαμος ὁ Ζευξιδάμου Λακεδαιμονίων βασιλεὺς εἰρήνης οὔσης ἐνεχείρησεν αὐτῶν καταλαβεῖν τὴν πόλιν.

[99] ἔπραξε δὲ ταῦτ' ἐκ Θηβῶν δι' Εὐρυμάχου τοῦ Λεοντιάδου βοιωταρχοῦντος, ἀνοιξάντων τὰς πύλας τῆς νυκτὸς Ναυκλείδου καὶ ἄλλων τινῶν μετ' αὐτοῦ, πεισθέντων χρήμασιν. αἰσθόμενοι δ' οἱ Πλαταιεῖς ἔνδον ὄντας τοὺς Θηβαίους τῆς νυκτὸς καὶ ἐξαπίνης αὐτῶν τὴν πόλιν ἐν εἰρήνῃ κατειλημμένην, προσεβοήθουν καὶ αὐτοὶ καὶ συνετάττοντο. καὶ ἐπειδὴ ἡμέρα ἐγένετο καὶ εἶδον οὐ πολλοὺς ὄντας τοὺς Θηβαίους, ἀλλὰ τοὺς πρώτους αὐτῶν εἰσεληλυθότας (ὕδωρ γὰρ γενόμενον τῆς νυκτὸς πολὺ ἐκώλυσεν αὐτοὺς πάντας εἰσελθεῖν· ὁ γὰρ Ἀσωπὸς ποταμὸς μέγας ἐρρύη καὶ διαβῆναι οὐ ῥᾴδιον ἦν, ἄλλως τε καὶ νυκτός),

[100] ὡς οὖν εἶδον οἱ Πλαταιεῖς τοὺς Θηβαίους ἐν τῇ πόλει καὶ ἔγνωσαν ὅτι οὐ πάντες πάρεισιν, ἐπιτίθενται καὶ εἰς μάχην ἐλθόντες κρατοῦσι καὶ φθάνουσιν ἀπολέσαντες αὐτοὺς πρὶν τοὺς ἄλλους προσβοηθῆσαι, καὶ ὡς ὑμᾶς πέμπουσιν

εὐθὺς ἄγγελον τήν τε πρᾶξιν φράσοντα καὶ τὴν μάχην δηλώσοντα ὅτι νικῶσι, καὶ βοηθεῖν ἀξιοῦντες, ἂν οἱ Θηβαῖοι τὴν χώραν αὐτῶν δῃῶσιν. ἀκούσαντες δὲ οἱ Ἀθηναῖοι τὰ γεγονότα διὰ τάχους ἐβοήθουν εἰς τὰς Πλαταιάς· καὶ οἱ Θηβαῖοι ὡς ἑώρων τοὺς Ἀθηναίους βεβοηθηκότας τοῖς Πλαταιεῦσιν, ἀνεχώρησαν ἐπ᾿ οἴκου.

[101] ὡς οὖν ἀπέτυχον οἱ Θηβαῖοι τῆς πείρας καὶ οἱ Πλαταιεῖς τοὺς ἄνδρας οὓς ἔλαβον αὐτῶν ἐν τῇ μάχῃ ζῶντας, ἀπέκτειναν, ὀργισθέντες οἱ Λακεδαιμόνιοι ἀπροφασίστως ἤδη στρατεύουσιν ἐπὶ τὰς Πλαταιάς, Πελοποννησίοις μὲν ἅπασι πλὴν Ἀργείων τὰ δύο μέρη τῆς στρατιᾶς ἀπὸ τῶν πόλεων ἑκάστων πέμπειν ἐπιτάξαντες, Βοιωτοῖς δὲ τοῖς ἄλλοις ἅπασι καὶ Λοκροῖς καὶ Φωκεῦσι καὶ Μαλιεῦσι καὶ Οἰταίοις καὶ Αἰνιᾶσιν πανδημεὶ ἐπαγγείλαντες στρατεύειν.

[102] καὶ περικαθεζόμενοι αὐτῶν τὸ τεῖχος πολλῇ δυνάμει ἐπηγγέλλοντο, εἰ βούλοιντο τὴν μὲν πόλιν αὐτοῖς παραδοῦναι, τὴν δὲ χώραν ἔχειν καὶ καρποῦσθαι τὰ αὑτῶν, ἀφίστασθαι δὲ τῆς Ἀθηναίων συμμαχίας. οὐκ ἐθελησάντων δὲ τῶν Πλαταιέων, ἀλλ᾿ ἀποκριναμένων ὅτι ἄνευ Ἀθηναίων οὐδὲν ἂν πράξειαν, ἐπολιόρκουν αὐτοὺς διπλῷ τείχει περιτειχίσαντες δύο ἔτη, πολλὰς καὶ παντοδαπὰς πείρας προσάγοντες.

[103] ἐπεὶ δ᾿ ἀπειρήκεσαν οἱ Πλαταιεῖς καὶ ἐνδεεῖς ἦσαν ἁπάντων καὶ ἠποροῦντο τῆς σωτηρίας, διακληρωσάμενοι πρὸς σφᾶς αὐτοὺς οἱ μὲν ὑπομείναντες ἐπολιορκοῦντο, οἱ δὲ τηρήσαντες νύκτα καὶ ὕδωρ καὶ ἄνεμον πολύν, ἐξελθόντες ἐκ τῆς πόλεως καὶ ὑπερβάντες τὸ περιτείχισμα τῶν πολεμίων λαθόντες τὴν στρατιάν, ἀποσφάξαντες τοὺς φύλακας διασῴζονται δεῦρο, δεινῶς διακείμενοι καὶ ἀπροσδοκήτως· οἱ δ᾿ ὑπομείναντες αὐτῶν ἁλούσης τῆς πόλεως κατὰ κράτος ἀπεσφάγησαν πάντες οἱ ἡβῶντες, παῖδες δὲ καὶ γυναῖκες ἐξηνδραποδίσθησαν, ὅσοι μὴ αἰσθόμενοι ἐπιόντας τοὺς Λακεδαιμονίους ὑπεξῆλθον Ἀθήναζε.

[104] τοῖς οὖν οὕτω φανερῶς ἐνδεδειγμένοις τὴν εὔνοιαν τῷ δήμῳ, καὶ προεμένοις ἅπαντα τὰ αὑτῶν καὶ παῖδας καὶ γυναῖκας, πάλιν σκοπεῖτε πῶς μετέδοτε τῆς πολιτείας. ἐκ γὰρ τῶν ψηφισμάτων τῶν ὑμετέρων καταφανὴς πᾶσιν ἔσται ὁ νόμος, καὶ γνώσεσθ᾿ ὅτι ἀληθῆ λέγω. καί μοι λαβὲ τὸ ψήφισμα τοῦτο καὶ ἀνάγνωθι αὐτοῖς. "Ψήφισμα περὶ Πλαταιέων

Ἱπποκράτης εἶπεν, Πλαταιέας εἶναι Ἀθηναίους ἀπὸ τῆσδε τῆς ἡμέρας, ἐπιτίμους καθάπερ οἱ ἄλλοι Ἀθηναῖοι, καὶ μετεῖναι αὐτοῖς ὧνπερ Ἀθηναίοις μέτεστι πάντων, καὶ ἱερῶν καὶ ὁσίων, πλὴν εἴ τις ἱερωσύνη ἢ τελετή ἐστιν ἐκ γένους, μηδὲ τῶν ἐννέα ἀρχόντων, τοῖς δ᾿ ἐκ τούτων. κατανεῖμαι δὲ τοὺς Πλαταιέας εἰς τοὺς δήμους καὶ τὰς φυλάς. ἐπειδὰν δὲ νεμηθῶσι, μὴ ἐξέστω ἔτι Ἀθηναίῳ μηδενὶ γίγνεσθαι Πλαταιέων, μὴ εὑρομένῳ παρὰ τοῦ δήμου τοῦ Ἀθηναίων."

Against Neaira

[105] ὁρᾶτε, ὦ ἄνδρες Ἀθηναῖοι, ὡς καλῶς καὶ δικαίως ἔγραψεν ὁ ῥήτωρ ὑπὲρ τοῦ δήμου τοῦ Ἀθηναίων, καὶ ἠξίωσε τοὺς Πλαταιέας λαμβάνοντας τὴν δωρεὰν πρῶτον μὲν δοκιμασθῆναι ἐν τῷ δικαστηρίῳ κατ᾽ ἄνδρα ἕκαστον, εἰ ἔστιν Πλαταιεὺς καὶ εἰ τῶν φίλων τῶν τῆς πόλεως, ἵνα μὴ ἐπὶ ταύτῃ τῇ προφάσει πολλοὶ μεταλάβωσι τῆς πολιτείας· ἔπειτα τοὺς δοκιμασθέντας ἀναγραφῆναι ἐν στήλῃ λιθίνῃ, καὶ στῆσαι ἐν ἀκροπόλει παρὰ τῇ θεῷ, ἵνα σῴζηται ἡ δωρεὰ τοῖς ἐπιγιγνομένοις καὶ ᾖ ἐξελέγξαι ὅτου ἂν ἕκαστος ᾖ συγγενής.

[106] καὶ ὕστερον οὐκ ἐᾷ γίγνεσθαι Ἀθηναῖον ἐξεῖναι, ὃς ἂν μὴ νῦν γένηται καὶ δοκιμασθῇ ἐν τῷ δικαστηρίῳ, τοῦ μὴ πολλοὺς φάσκοντας Πλαταιέας εἶναι κατασκευάζειν αὑτοῖς πολιτείαν. ἔπειτα καὶ τὸν νόμον διωρίσατο ἐν τῷ ψηφίσματι πρὸς αὐτοὺς εὐθέως ὑπέρ τε τῆς πόλεως καὶ τῶν θεῶν, καὶ μὴ ἐξεῖναι αὐτῶν μηδενὶ τῶν ἐννέα ἀρχόντων λαχεῖν μηδὲ ἱερωσύνης μηδεμιᾶς, τοῖς δ᾽ ἐκ τούτων, ἂν ὦσιν ἐξ ἀστῆς γυναικὸς καὶ ἐγγυητῆς κατὰ τὸν νόμον.

[107] οὔκουν δεινόν; πρὸς μὲν τοὺς ἀστυγείτονας καὶ ὁμολογουμένως ἀρίστους τῶν Ἑλλήνων εἰς τὴν πόλιν γεγενημένους οὕτω καλῶς καὶ ἀκριβῶς διωρίσασθε περὶ ἑκάστου, ἐφ᾽ οἷς δεῖ ἔχειν τὴν δωρεάν, τὴν δὲ περιφανῶς ἐν ἁπάσῃ τῇ Ἑλλάδι πεπορνευμένην οὕτως αἰσχρῶς καὶ ὀλιγώρως ἐάσετε ὑβρίζουσαν εἰς τὴν πόλιν καὶ ἀσεβοῦσαν εἰς τοὺς θεοὺς ἀτιμώρητον, ἣν οὔτε οἱ πρόγονοι ἀστὴν κατέλιπον οὔθ᾽ ὁ δῆμος πολῖτιν ἐποιήσατο;

[108] ποῦ γὰρ αὕτη οὐκ εἴργασται τῷ σώματι, ἢ ποῖ οὐκ ἐλήλυθεν ἐπὶ τῷ καθ᾽ ἡμέραν μισθῷ; οὐκ ἐν Πελοποννήσῳ μὲν πάσῃ, ἐν Θετταλίᾳ δὲ καὶ Μαγνησίᾳ μετὰ Σίμου τοῦ Λαρισαίου καὶ Εὐρυδάμαντος τοῦ Μηδείου, ἐν Χίῳ δὲ καὶ ἐν Ἰωνίᾳ τῇ πλείστῃ μετὰ Σωτάδου τοῦ Κρητὸς ἀκολουθοῦσα, μισθωθεῖσα ὑπὸ τῆς Νικαρέτης, ὅτε ἔτι ἐκείνης ἦν; τὴν δὴ ὑφ᾽ ἑτέροις οὖσαν καὶ ἀκολουθοῦσαν τῷ διδόντι τί οἴεσθε ποιεῖν; ἆρ᾽ οὐχ ὑπηρετεῖν τοῖς χρωμένοις εἰς ἁπάσας ἡδονάς; εἶτα τὴν τοιαύτην καὶ περιφανῶς ἐγνωσμένην ὑπὸ πάντων γῆς περίοδον εἰργασμένην ψηφιεῖσθε ἀστὴν εἶναι;

[109] καὶ τί καλὸν φήσετε πρὸς τοὺς ἐρωτῶντας διαπεπρᾶχθαι, ἢ ποίᾳ αἰσχύνῃ καὶ ἀσεβείᾳ οὐκ ἔνοχοι αὐτοὶ εἶναι; πρὶν μὲν γὰρ γραφῆναι ταύτην καὶ εἰς ἀγῶνα καταστῆναι καὶ πυθέσθαι πάντας ἥτις ἦν καὶ οἷα ἠσέβηκεν, τὰ μὲν ἀδικήματα ταύτης ἦν, ἡ δ᾽ ἀμέλεια τῆς πόλεως· καὶ οἱ μὲν οὐκ ᾔδεσαν ὑμῶν, οἱ δὲ πυθόμενοι τῷ μὲν λόγῳ ἠγανάκτουν, τῷ δ᾽ ἔργῳ οὐκ εἶχον ὅ τι χρήσαιντο αὐτῇ, οὐδενὸς εἰς ἀγῶνα καθιστάντος οὐδὲ διδόντος περὶ αὐτῆς τὴν ψῆφον. ἐπειδὴ δὲ καὶ ἴστε πάντες καὶ ἔχετε ἐφ᾽ ὑμῖν αὐτοῖς καὶ κύριοί ἐστε κολάσαι, ὑμέτερον ἤδη τὸ ἀσέβημα γίγνεται τὸ πρὸς τοὺς θεούς, ἐὰν μὴ ταύτην κολάσητε.

[110] τί δὲ καὶ φήσειεν ἂν ὑμῶν ἕκαστος εἰσιὼν πρὸς τὴν ἑαυτοῦ γυναῖκ᾽ ἢ θυγατέρα ἢ μητέρα, ἀποψηφισάμενος ταύτης, ἐπειδὰν ἔρηται ὑμᾶς 'ποῦ ἦτε;' καὶ εἴπητε ὅτι 'ἐδικάζομεν;' 'τῷ;' ἐρήσεται εὐθύς. 'Νεαίρᾳ' δῆλον ὅτι φήσετε

Against Neaira

(οὐ γάρ;) 'ὅτι ξένη οὖσα ἀστῷ συνοικεῖ παρὰ τὸν νόμον, καὶ ὅτι τὴν θυγατέρα μεμοιχευμένην ἐξέδωκεν Θεογένει τῷ βασιλεύσαντι, καὶ αὕτη ἔθυσε τὰ ἱερὰ τὰ ἄρρητα ὑπὲρ τῆς πόλεως καὶ τῷ Διονύσῳ γυνὴ ἐδόθη', καὶ τἄλλα διηγούμενοι τὴν κατηγορίαν αὐτῆς, ὡς καὶ μνημονικῶς καὶ ἐπιμελῶς περὶ ἑκάστου κατηγορήθη.

[111] αἱ δὲ ἀκούσασαι ἐρήσονται 'τί οὖν ἐποιήσατε;' ὑμεῖς δὲ φήσετε 'ἀπεψηφίσμεθα.' οὐκοῦν ἤδη αἱ μὲν σωφρονέσταται τῶν γυναικῶν ὀργισθήσονται ὑμῖν, διότι ὁμοίως αὐταῖς ταύτην κατηξιοῦτε μετέχειν τῶν τῆς πόλεως καὶ τῶν ἱερῶν· ὅσαι δ' ἀνόητοι, φανερῶς ἐπιδείκνυτε ποιεῖν ὅ τι ἂν βούλωνται, ὡς ἄδειαν ὑμῶν καὶ τῶν νόμων δεδωκότων· δόξετε γὰρ ὀλιγώρως καὶ ῥᾳθύμως φέροντες ὁμογνώμονες καὶ αὐτοὶ εἶναι τοῖς ταύτης τρόποις.

[112] ὥστε πολὺ μᾶλλον ἐλυσιτέλει μὴ γενέσθαι τὸν ἀγῶνα τουτονὶ ἢ γενομένου ἀποψηφίσασθαι ὑμᾶς. κομιδῇ γὰρ ἤδη παντελῶς ἐξουσία ἔσται ταῖς πόρναις συνοικεῖν οἷς ἂν βούλωνται, καὶ τοὺς παῖδας φάσκειν οὗ ἂν τύχωσιν εἶναι· καὶ οἱ μὲν νόμοι ἄκυροι ὑμῖν ἔσονται, οἱ δὲ τρόποι τῶν ἑταιρῶν κύριοι ὅ τι ἂν βούλωνται διαπράττεσθαι. ὥστε καὶ ὑπὲρ τῶν πολιτίδων σκοπεῖτε, τοῦ μὴ ἀνεκδότους γενέσθαι τὰς τῶν πενήτων θυγατέρας.

[113] νῦν μὲν γάρ, κἂν ἀπορηθῇ τις, ἱκανὴν προῖκ' αὐτῇ ὁ νόμος συμβάλλεται, ἂν καὶ ὁπωστιοῦν μετρίαν ἡ φύσις ὄψιν ἀποδῷ· προπηλακισθέντος δὲ τοῦ νόμου ὑφ' ὑμῶν ἀποφυγούσης ταύτης, καὶ ἀκύρου γενομένου, παντελῶς ἤδη ἡ μὲν τῶν πορνῶν ἐργασία ἥξει εἰς τὰς τῶν πολιτῶν θυγατέρας, δι' ἀπορίαν ὅσαι ἂν μὴ δύνωνται ἐκδοθῆναι, τὸ δὲ τῶν ἐλευθέρων γυναικῶν ἀξίωμα εἰς τὰς ἑταίρας, ἂν ἄδειαν λάβωσι τοῦ ἐξεῖναι αὐταῖς παιδοποιεῖσθαι ὡς ἂν βούλωνται καὶ τελετῶν καὶ ἱερῶν καὶ τιμῶν μετέχειν τῶν ἐν τῇ πόλει.

[114] ὥστε εἷς ἕκαστος ὑμῶν νομιζέτω, ὁ μὲν ὑπὲρ γυναικός, ὁ δ' ὑπὲρ θυγατρός, ὁ δ' ὑπὲρ μητρός, ὁ δ' ὑπὲρ τῆς πόλεως καὶ τῶν νόμων καὶ τῶν ἱερῶν τὴν ψῆφον φέρειν, τοῦ μὴ ἐξ ἴσου φανῆναι ἐκείνας τιμωμένας ταύτῃ τῇ πόρνῃ, μηδὲ τὰς μετὰ πολλῆς καὶ καλῆς σωφροσύνης καὶ ἐπιμελείας τραφείσας ὑπὸ τῶν προσηκόντων καὶ ἐκδοθείσας κατὰ τοὺς νόμους, ταύτας ἐν τῷ ἴσῳ φαίνεσθαι μετεχούσας τῇ μετὰ πολλῶν καὶ ἀσελγῶν τρόπων πολλάκις πολλοῖς ἑκάστης ἡμέρας συγγεγενημένῃ, ὡς ἕκαστος ἐβούλετο.

[115] ἡγεῖσθε δὲ μήτ' ἐμὲ τὸν λέγοντα εἶναι Ἀπολλόδωρον μήτε τοὺς ἀπολογησομένους καὶ συνεροῦντας πολίτας, ἀλλὰ τοὺς νόμους καὶ Νέαιραν ταυτηνὶ περὶ τῶν πεπραγμένων αὐτῇ πρὸς ἀλλήλους δικάζεσθαι. καὶ ὅταν μὲν ἐπὶ τῆς κατηγορίας γένησθε, τῶν νόμων αὐτῶν ἀκούετε, δι' ὧν οἰκεῖται ἡ πόλις καὶ καθ' οὓς ὀμωμόκατε δικάσειν, τί κελεύουσι καὶ τί παραβεβήκασιν· ὅταν δὲ ἐπὶ τῆς ἀπολογίας ἦτε, μνημονεύοντες τὴν τῶν νόμων κατηγορίαν καὶ τὸν ἔλεγχον τὸν τῶν εἰρημένων, τήν τε ὄψιν αὐτῆς ἰδόντες, ἐνθυμεῖσθε τοῦτο μόνον, εἰ Νέαιρα οὖσα ταῦτα διαπέπρακται.

[116] ἄξιον δὲ κἀκεῖνο ἐνθυμηθῆναι, ὦ ἄνδρες Ἀθηναῖοι, ὅτι Ἀρχίαν τὸν ἱεροφάντην γενόμενον, ἐξελεγχθέντα ἐν τῷ δικαστηρίῳ ἀσεβεῖν θύοντα παρὰ τὰ πάτρια τὰς θυσίας, ἐκολάσατε ὑμεῖς, καὶ ἄλλα τε κατηγορήθη αὐτοῦ καὶ ὅτι Σινώπῃ τῇ ἑταίρᾳ Ἁλῴοις ἐπὶ τῆς ἐσχάρας τῆς ἐν τῇ αὐλῇ Ἐλευσῖνι προσαγούσῃ ἱερεῖον θύσειεν, οὐ νομίμου ὄντος ἐν ταύτῃ τῇ ἡμέρᾳ ἱερεῖα θύειν, οὐδ᾽ ἐκείνου οὔσης τῆς θυσίας ἀλλὰ τῆς ἱερείας.

[117] οὔκουν δεινὸν τὸν μὲν καὶ ἐκ γένους ὄντα τοῦ Εὐμολπιδῶν καὶ προγόνων καλῶν κἀγαθῶν καὶ πολίτην τῆς πόλεως, ὅτι ἐδόκει τι παραβῆναι τῶν νομίμων, δοῦναι δίκην (καὶ οὔθ᾽ ἡ τῶν συγγενῶν οὔθ᾽ ἡ τῶν φίλων ἐξαίτησις ὠφέλησεν αὐτόν, οὔθ᾽ αἱ λῃτουργίαι ἃς ἐλῃτούργησε τῇ πόλει αὐτὸς καὶ οἱ πρόγονοι αὐτοῦ, οὔτε τὸ ἱεροφάντην εἶναι, ἀλλ᾽ ἐκολάσατε δόξαντα ἀδικεῖν)· Νέαιραν δὲ ταυτηνὶ εἴς τε τὸν αὐτὸν θεὸν τοῦτον ἠσεβηκυῖαν καὶ τοὺς νόμους, καὶ αὐτὴν καὶ τὴν θυγατέρα αὐτῆς, οὐ τιμωρήσεσθε;

[118] θαυμάζω δ᾽ ἔγωγε τί ποτε καὶ ἐροῦσι πρὸς ὑμᾶς ἐν τῇ ἀπολογίᾳ. πότερον ὡς ἀστή ἐστιν Νέαιρα αὑτηὶ καὶ κατὰ τοὺς νόμους συνοικεῖ αὐτῷ; ἀλλὰ μεμαρτύρηται ἑταίρα οὖσα καὶ δούλη Νικαρέτης γεγενημένη. ἀλλ᾽ οὐ γυναῖκα εἶναι αὐτοῦ, ἀλλὰ παλλακὴν ἔχειν ἔνδον; ἀλλ᾽ οἱ παῖδες ταύτης ὄντες καὶ εἰσηγμένοι εἰς τοὺς φράτερας ὑπὸ Στεφάνου καὶ ἡ θυγάτηρ ἀνδρὶ Ἀθηναίῳ ἐκδοθεῖσα περιφανῶς αὐτὴν ἀποφαίνουσι γυναῖκα ἔχοντα.

[119] ὡς μὲν τοίνυν οὐκ ἀληθῆ ἐστιν τὰ κατηγορημένα καὶ μεμαρτυρημένα, οὔτ᾽ αὐτὸν Στέφανον οὔτ᾽ ἄλλον ὑπὲρ τούτου οἶμαι ἐπιδείξειν, ὡς ἔστιν ἀστὴ Νέαιρα αὑτηί· ἀκούω δὲ αὐτὸν τοιοῦτόν τι μέλλειν ἀπολογεῖσθαι, ὡς οὐ γυναῖκα ἔχει αὐτὴν ἀλλ᾽ ἑταίραν, καὶ οἱ παῖδες οὐκ εἰσὶν ταύτης ἀλλ᾽ ἐξ ἑτέρας γυναικὸς αὐτῷ ἀστῆς, ἥν φήσει πρότερον γῆμαι συγγενῆ αὐτοῦ.

[120] πρὸς δὴ τὴν ἀναίδειαν αὐτοῦ τοῦ λόγου καὶ τὴν παρασκευὴν τῆς ἀπολογίας καὶ τῶν μαρτυρεῖν αὐτῷ παρεσκευασμένων πρόκλησιν αὐτὸν προὐκαλεσάμην ἀκριβῆ καὶ δικαίαν, δι᾽ ἧς ἐξῆν ὑμῖν πάντα τἀληθῆ εἰδέναι, παραδοῦναι τὰς θεραπαίνας τὰς Νεαίρᾳ τότε προσκαρτερούσας ὅτ᾽ ἦλθεν ὡς Στέφανον ἐκ Μεγάρων, Θρᾷτταν καὶ Κοκκαλίνην, καὶ ἃς ὕστερον παρὰ τούτῳ οὖσα ἐκτήσατο, Ξεννίδα καὶ Δροσίδα·

[121] αἳ ἴσασιν ἀκριβῶς Πρόξενόν τε τὸν τελευτήσαντα καὶ Ἀρίστωνα τὸν νῦν ὄντα καὶ Ἀντιδωρίδην τὸν σταδιοδρομοῦντα καὶ Φανὼ τὴν Στρυβήλην καλουμένην, ἣ Θεογένει τῷ βασιλεύσαντι συνῴκησεν, Νεαίρας ὄντας. καὶ ἐὰν φαίνηται ἐκ τῆς βασάνου γήμας Στέφανος οὑτοσὶ ἀστὴν γυναῖκα καὶ ὄντες αὐτῷ οἱ παῖδες οὗτοι ἐξ ἑτέρας γυναικὸς ἀστῆς καὶ μὴ Νεαίρας, ἤθελον ἀφίστασθαι τοῦ ἀγῶνος καὶ μὴ εἰσιέναι τὴν γραφὴν ταύτην.

[122] τὸ γὰρ συνοικεῖν τοῦτ᾽ ἔστιν, ὃς ἂν παιδοποιῆται καὶ εἰσάγῃ εἴς τε τοὺς φράτερας καὶ δημότας τοὺς υἱεῖς, καὶ τὰς θυγατέρας ἐκδιδῷ ὡς αὑτοῦ οὔσας τοῖς ἀνδράσιν. τὰς μὲν γὰρ ἑταίρας ἡδονῆς ἕνεκ᾽ ἔχομεν, τὰς δὲ παλλακὰς

τῆς καθ' ἡμέραν θεραπείας τοῦ σώματος, τὰς δὲ γυναῖκας τοῦ παιδοποιεῖσθαι γνησίως καὶ τῶν ἔνδον φύλακα πιστὴν ἔχειν. ὥστ' εἰ πρότερον ἔγημεν γυναῖκα ἀστὴν καὶ εἰσὶν οὗτοι οἱ παῖδες ἐξ ἐκείνης καὶ μὴ Νεαίρας, ἐξῆν αὐτῷ ἐκ τῆς ἀκριβεστάτης μαρτυρίας ἐπιδεῖξαι, παραδόντι τὰς θεραπαίνας ταύτας.

[123] ὡς δὲ προὐκαλεσάμην, τούτων ὑμῖν τήν τε μαρτυρίαν καὶ τὴν πρόκλησιν ἀναγνώσεται. λέγε τὴν μαρτυρίαν, ἔπειτα τὴν πρόκλησιν. "Μαρτυρία· Ἱπποκράτης Ἱπποκράτους Προβαλίσιος, Δημοσθένης Δημοσθένους Παιανιεύς, Διοφάνης Διοφάνους Ἀλωπεκῆθεν, Δεινομένης Ἀρχελάου Κυδαθηναιεύς, Δεινίας Φόρμου Κυδαντίδης, Λυσίμαχος Λυσίππου Αἰγιλιεὺς μαρτυροῦσι παρεῖναι ἐν ἀγορᾷ ὅτ' Ἀπολλόδωρος προὐκαλεῖτο Στέφανον, ἀξιῶν παραδοῦναι εἰς βάσανον τὰς θεραπαίνας περὶ ὧν ᾐτιᾶτο Ἀπολλόδωρος Στέφανον περὶ Νεαίρας· Στέφανον δ' οὐκ ἐθελῆσαι παραδοῦναι τὰς θεραπαίνας· τὴν δὲ πρόκλησιν εἶναι ἣν παρέχεται Ἀπολλόδωρος."

[124] λέγε δὴ αὐτὴν τὴν πρόκλησιν, ἣν προὐκαλούμην ἐγὼ Στέφανον τουτονί. "Πρόκλησις· τάδε προὐκαλεῖτο Ἀπολλόδωρος Στέφανον περὶ ὧν τὴν γραφὴν γέγραπται Νέαιραν, ξένην οὖσαν ἀστῷ συνοικεῖν, ἕτοιμος ὢν τὰς θεραπαίνας παραλαμβάνειν τὰς Νεαίρας, ἃς ἐκ Μεγάρων ἔχουσα ἦλθεν, Θρᾷτταν καὶ Κοκκαλίνην, καὶ ἃς ὕστερον παρὰ Στεφάνῳ ἐκτήσατο, Ξεννίδα καὶ Δροσίδα, τὰς εἰδυίας ἀκριβῶς περὶ τῶν παίδων τῶν ὄντων Νεαίρᾳ, ὅτι οὐκ ἐκ Στεφάνου εἰσίν, Πρόξενός τε ὁ τελευτήσας καὶ Ἀρίστων ὁ νῦν ὢν καὶ Ἀντιδωρίδης ὁ σταδιοδρομῶν καὶ Φανώ, ἐφ' ᾧ τε βασανίσαι αὐτάς. καὶ εἰ μὲν ὁμολογοῖεν ἐκ Στεφάνου εἶναι καὶ Νεαίρας τούτους τοὺς παῖδας, πεπρᾶσθαι Νέαιραν κατὰ τοὺς νόμους καὶ τοὺς παῖδας ξένους εἶναι· εἰ δὲ μὴ ὁμολογοῖεν ἐκ ταύτης εἶναι αὐτοὺς ἀλλ' ἐξ ἑτέρας γυναικὸς ἀστῆς, ἀφίστασθαι τοῦ ἀγῶνος ἤθελον τοῦ Νεαίρας, καὶ εἴ τι ἐκ τῶν βασάνων βλαφθείησαν αἱ ἄνθρωποι, ἀποτίνειν ὅ τι βλαβείησαν."

[125] ταῦτα προκαλεσαμένου ἐμοῦ, ἄνδρες δικασταί, Στέφανον τουτονί, οὐκ ἠθέλησεν δέξασθαι. οὔκουν ἤδη δοκεῖ ὑμῖν δεδικάσθαι ὑπ' αὐτοῦ Στεφάνου τουτουί, ὦ ἄνδρες δικασταί, ὅτι ἔνοχός ἐστι τῇ γραφῇ Νέαιρα ἣν ἐγὼ αὐτὴν ἐγραψάμην, καὶ ὅτι ἐγὼ μὲν ἀληθῆ εἴρηκα πρὸς ὑμᾶς καὶ τὰς μαρτυρίας παρεσχόμην ἀληθεῖς, οὑτοσὶ δ' ὅ τι ἂν λέγῃ πάντα ψεύσεται, καὶ ἐξελέγξει αὐτὸς αὑτὸν ὅτι οὐδὲν ὑγιὲς λέγει, οὐκ ἐθελήσας παραδοῦναι εἰς βασάνους τὰς θεραπαίνας ἃς ἐγὼ ἐξῄτουν αὐτόν;

[126] ἐγὼ μὲν οὖν, ὦ ἄνδρες δικασταί, καὶ τοῖς θεοῖς, εἰς οὓς οὗτοι ἠσεβήκασιν, καὶ ἐμαυτῷ τιμωρῶν, κατέστησά τε τουτουσὶ εἰς ἀγῶνα καὶ ὑπὸ τὴν ὑμετέραν ψῆφον ἤγαγον. καὶ ὑμᾶς δὲ χρὴ νομίσαντας μὴ λήσειν τοὺς θεούς, εἰς οὓς οὗτοι παρανενομήκασιν, ὅ τι ἂν ἕκαστος ὑμῶν ψηφίσηται, ψηφίσασθαι τὰ δίκαια καὶ τιμωρεῖν μάλιστα μὲν τοῖς θεοῖς, ἔπειτα δὲ καὶ ὑμῖν αὐτοῖς. καὶ ταῦτα ποιήσαντες δόξετε πᾶσι καλῶς καὶ δικαίως δικάσαι ταύτην τὴν γραφήν, ἣν Νέαιραν ἐγὼ ἐγραψάμην, ξένην οὖσαν ἀστῷ συνοικεῖν.

NOTES

Against Neaira

The speech begins with a brief introduction by Theomnestos (§1–15). Although Theomnestos is technically the one bringing the suit against Neaira, the bulk of the speech is delivered by Apollodoros.

(§1–3) Theomnestos gives his reasons for joining Apollodoros in prosecuting Stephanos.

1

γράψασθαι: that is, to bring a legal charge called a γραφή. There were two main types of suits in classical Athenian courts: δίκαι (private suits, which could be brought only by the injured party) and γραφαί (public suits, which could be brought by anyone, for crimes thought to injure the community as a whole).

τὴν γραφὴν ταυτηνί: object of γράψασθαι, the cognate or internal accusative (G. 536, S. 1563 ff.). In the Attic dialect the demonstrative οὗτος can be strengthened by the suffix -ι: οὑτοσί, αὑτηί, τουτί, "this man here, this woman here." This so-called deictic iota (G. 210, S. 333.g) appears frequently in this speech.

εἰσελθεῖν < εἰσέρχομαι

καὶ γάρ: when γάρ follows καί, translate it as "indeed," rather than "for."

ἠδικήμεθα < ἀδικέω

μεγάλα: adverbial accusative (G. 536–540, S. 1606-1611); in this instance, a neuter accusative adjective used as adverb (G. 230, S. 1609)

κατέστημεν < καθίστημι

ὅ τε κηδεστής: Apollodoros, the prime mover of the suit. Apollodoros is both brother-in-law and father-in-law to Theomnestos, since he is married to Theomnestos' sister, and Theomenestos is married to Apollodoros' daughter. See Introduction and Stemma.

ὑπάρχων < ὑπάρχω, "as one taking the initiative"

ἀγωνιοῦμαι < ἀγωνίζομαι, "to contend in court," (pass.) "to be on trial"

τὸν ἀγῶνα τουτονί: another cognate or internal accusative

παθών < πάσχω

πεπόνθαμεν < πάσχω

Notes

ἀμυνομένῳ: modifies μοι

ὡς: adverbial, "how"

ἀτιμίας: literally, ἀ-τιμία means "lack of honor," but here it has its technical sense of "disenfranchisement." The reasons for this potential ἀτιμία are explained further in §5-8.

2

ψηφισάμενου < ψηφίζομαι: literally, "to cast a pebble [ψῆφος]"; here, as often, it refers to a vote to pass a decree. Part of a genitive absolute, governing indirect statement.

Ἀθηναῖον: take as the predicate.

Πασίωνα καὶ ἐκγόνους τοὺς ἐκείνου: take as the accusative subjects of the indirect statement. Pasion was a slave whose masters were bankers; he was manumitted by his masters for his good service, and eventually granted his citizenship for generous donations of shields and triremes to the state.

δωρεᾷ: naturalization is often described in the orators as a gift.

τῷ υἱεῖ τῷ ἐκείνου: the son of Pasion. See Stemma.

ἡγουμένου < ἡγέομαι; takes an indirect statement

τῇ ἀληθείᾳ: "in truth, truly," modifying οἰκείους, here in the sense "of the same family"

κοινωνεῖν: takes a genitive object

ὄντων: the substantive τὰ ὄντα often means "property."

γυναῖκα: take as the predicate.

ἀδελφιδῆν: it was not uncommon in Greece for uncles to marry nieces (nor, for that matter, for first cousins to marry).

3

λαγχάνει: citizens were selected by lot for the Boule (the council of Athens), 50 from each of the city's 10 tribes. The term of office was one year.

δοκιμασθείς < δοκιμάζω: the δοκιμασία was an examination for office-holding, conducted by the Boule, to ascertain whether a candidate was fit to serve.

Against Neaira

ὀμόσας < ὄμνυμι

τὸν νόμιμον ὅρκον: after passing the δοκιμασία, the successful candidate was required to swear an oath, the content of which changed over time. Excavation has revealed the underpinning of the stone identified as the Oath stone (lithos) of the Athenians, on the steps of the Royal Stoa.

συμβάντος < συμβαίνω

καιροῦ…καὶ πολέμου: this crisis refers to two events of 349/8 BCE: when Olynthos turned to Athens for help against King Philip II of Macedon, and when Ploutarchos, tyrant of Eretria in Euboia, asked for assistance against rebels trying to overthrow him.

ἐν ᾧ … Χερρονήσου: a very long relative clause

ἦν ἢ κρατήσασιν ὑμῖν: "it was possible for you, if you won…." ἦν < ἐστί, used impersonally (LSJ εἰμί VI). κρατήσασιν is a participle used conditionally. ἢ indicates that this is one alternative, and finds its correlate ἢ a couple of lines down.

μεγίστοις: take as the predicate.

τῶν Ἑλλήνων: partitive genitive

τά τε ὑμέτερα: i.e., territories previously possessed by the Athenians that had been taken over by Philip; especially meant here is Amphipolis, which Philip took in 357.

κεκομίσθαι: "to have recovered" (LSJ κομίζω II.8).

ἢ ὑστερίσασι…προεμένοις: "or, if you came too late…and abandoned…," participles used conditionally; προεμένοις < προ-ίημι

τούτους: the allies

ἀπολέσαι…δοκεῖν…κινδυνεύειν: infinitives dependent on the earlier ἦν, "it was possible to destroy…to seem…to risk (losing)."

Λήμνου…Χερρονήσου: this stands in apposition to ὑπολοίπων ("remaining [possessions]"). Lemnos, Imbros, Skyros, and the Chersonese, raided by Philip in 351-49, were all key locations for Athens in their connections with the Black Sea region, from which they got most of their grain.

(§4–7) Theomnestos describes Apollodoros' public-spirited acts as a member of the Boule and Stephanos' attempts to thwart Apollodoros and use the laws to ruin him and his family financially.

Notes

4

ἐξήνεγκε < ἐκφέρω

προβούλευμα: a proposal put forward by the Boule to the Ekklesia (Assembly); in this case it is an "open" προβούλευμα, meaning that it does not recommend a particular course of action.

λέγον: agrees with προβούλευμα

τὸν δῆμον: accusative subject of διαχειροτονῆσαι in indirect statement

τὰ περιόντα χρήματα τῆς διοικήσεως: "the leftover money from the financial administration," i.e., the budgetary surplus. περιόντα < περίειμι

στρατιωτικά...θεωρικά: the stratiotic fund was designed to fund military endeavors, whereas the theoric fund was designed to fund festivals.

κελευόντων...τῶν νόμων: scholars debate the relationship between Apollodoros' proposal and these previous laws. At the very least, Theomnestos seems to be simplifying the situation. Most likely, there was one law that stated that, during wartime, any surplus was to go into the stratiotic fund, and another (later) law or laws that said that surplus should go into the theoric fund (without indicating whether this was only during peacetime). Apollodoros' proposal likely aimed not to contradict the latter law but to leave the decision of what to do with the surplus up to the people. Carey 1992: 152-56 suggests that Apollodoros was prosecuted on the grounds that it was procedurally irregular for him to bring the matter to the Assembly (rather than putting together a board of lawmakers to sort out the conflicts between the laws).

κύριον: take as predicate adjective; governs the infinitive πρᾶξαι

ἡγούμενος: Apollodoros is the antecedent

5

στρατιωτικοῖς: note the predicate position of this word; thus, "as stratiotic"

ἄν = ἐάν

ὁμολογεῖται: take impersonally.

εἰπών...πάθοι: sc. Ἀπολλόδωρος

ἐξαπατήσαντι < ἐξαπατάω; the antecedent is Stephanos, the dative is governed by ὀργίζεσθαι.

Against Neaira

δίκαιον: sc. ἐστί

γραψάμενος...παρανόμων: "indicting [the decree] for illegality"; παρανόμων is a genitive of charge or crime: G. 514, S. 1375. The procedure, a γραφὴ παρανόμων, was a public lawsuit alleging that a motion or decree was unconstitutional, either because it violated an existing law or because it was introduced through improper procedure. As with any γραφή, any Athenian who wished could bring this kind of suit.

ὦφλε < ὀφλισκάνω, "had been a debtor to" + dat. The subject is Apollodoros.

δημοσίῳ: "public treasury," the neuter substantive of δήμοσιος

ἐκ πέντε καὶ εἴκοσιν ἐτῶν: "for 25 years." ἐκ used of time means "from [that time]," i.e., "for [X amount of time]" (see LSJ A.II).

εἷλε τὸ ψήφισμα: "won a verdict against the decree" of Apollodoros. εἷλε < αἱρέω = "convict" (LSJ II.4.b).

6

τιμήματος: "fine, penalty." For certain crimes, the jurors determined the penalty after hearing alternative proposals presented by the two sides; for other crimes, the penalty was fixed.

δεομένων ἡμῶν: "though we begged him" for a lighter penalty.

συγχωρῆσαι < συγχωρέω, "yield," i.e., agree to a light penalty

πεντεκαίδεκα ταλάντων ἐτιμᾶτο: τιμάω (in the middle) as an Athenian legal term means "estimate the penalty"; ταλάντων is a genitive of price or value (G. 513, S. 1336). Fifteen talents is a very steep penalty; for reference, 6 obols = 1 drachma (the approximate amount earned per day by an unskilled laborer); 100 drachmas = 1 mna; 60 mnae = 1 talent.

ἀτιμώσειεν < ἀτιμόω. The penalty for conviction in a γραφὴ παρανόμων was generally a fine, but if one was unable to pay the fine, one could potentially be rendered ἄτιμος (disenfranchised), at least until the fine was paid off. If one died before paying off the debt, both the debt and the ἀτιμία were inherited by one's heirs.

αὐτόν: Apollodoros

7

οὐδε...πάνυ: "not quite"

Notes

τριῶν ταλάντων: genitive of value

δυνηθῆναι < δύναμαι

ἐκτεῖσαι < ἐκτίνω

μὴ ἐκτεισθέντος…τοῦ ὀφλήατος: μή + the circumstantial participle has conditional force.

ἐπὶ τῆς ἐνάτης πρυτανείας: "by the ninth prytany"; each tribe of Athens was in charge of the Boule for 1/10 of the year; this period of presidency was called a prytany.

ἐγγραφήσεσθαι < ἐγγράφω, "to inscribe [on the list of state debtors]"

ἀπογραφήσεσθαι < ἀπογράφω, "register, enter into a list," here with its technical sense of giving a list of property belonging to the state but held by a private individual. Anyone who wished could denounce a state debtor, providing an inventory (ἀπογραφή) of the latter's property. The state could then confiscate the property and sell it off at auction; the denouncer received part of the sale price, the state the rest, which went toward paying off the debt.

ἡ ὑπάρχουσα οὐσία Ἀπολλοδώρῳ: "the property belonging to Apollodoros," i.e., everything he had. See LSJ ὑπάρχω B.III.

δημοσίᾳ: note the predicate position.

πραθείσης < πιπράσκω

καὶ αὐτός…ἅπαντες: subjects of an understood ἔμελλον

(§8–11) *Apollodoros suffered a large but not unpayable fine. Then Stephanos fabricated a charge of murder against Apollodoros, of which he was duly acquitted.*

8

ἔτι δὲ καί: "and what is more," adding a further point

ἀποροῦντος: "poor" < ἀπορέω

ἔλαβεν: "took (a woman) in marriage"

ἄπροικον: girls were generally given in marriage with a dowry (προίξ), which their husband would manage (and the interest from which would support her). It wasn't impossible to marry without a dowry, but it was uncommon.

περιεῖδον < περι-οράω

ἀναρπασθέντα: "utterly ruined" by being held responsible for a fine he couldn't possibly afford, < ἀναρπάζω, "carry off, snatch away," used figuratively.

ἐτίμησαν ταλάντου: that is, the jurors accepted Apollodoros' counter-proposal of a one talent fine.

τὸν αὐτὸν ἔρανον...ἀποδοῦναι: "to return the same favor," i.e., pay him back in the same way, by taking him to court. ἔρανος is literally a friendly loan, often without interest and therefore given as a kind of favor, here used ironically.

9

ταυτῇ: adverbial, "in this way"

ἀνελεῖν: "destroy" < ἀν-αἱρέω

ἐπενέγκας < ἐπι-φέρω + αἰτίαν, "to bring a charge against (+ dat.)"

αἰτίαν: here, "charge, accusation"

Ἀφίδναζε: Aphidna is a town in northeast Attica. The suffix –ζε indicates direction toward.

ἀφικόμενος: Apollodoros is the antecedent.

ἐπὶ δραπέτην αὐτοῦ ζητῶν: "in search of a runaway slave of his (Apollodoros')." Dilts, in his OCT (2009), marks ζητῶν as spurious, following Dobree, in which case the meaning is "because of a runaway slave of his" (see LSJ ἐπί C.III.1).

πατάξειε < πατάττω

ἄνθρωπος: it is unclear what the status of this woman was, since ἄνθρωπος in the feminine is often used pejoratively to refer to slaves (see §46). Because the Palladion is mentioned below, she was probably a slave, in which case Stephanos may have represented himself as her master.

παρασκευασάμενος: Stephanos is the antecedent.

κατασκευάσας < κατασκευάζω, "to represent (as)" (LSJ A.6)

Κυρηναῖοι: the reason for pretending that the slaves were individuals from Cyrene was presumably to use them as (free) witnesses; as slaves, they would have had to be tortured for testimony.

προεῖπεν < προεῖπον: this public proclamation, performed in the Agora, is the first step in bringing a homicide case. The trial itself would have been in the

Palladion (see below).

Παλλαδίῳ: the Palladion was the court that heard cases of unintentional killing of citizens and both intentional and unintentional killing of slaves and foreigners.

10

ἔλεγεν τὴν δίκην: this is a slightly unusual way of phrasing "to bring a suit"; perhaps it has the sense of "to plead one's case."

διομοσάμενος < διόμνυμι: for homicide trials, both sides had to swear an oath, the accuser swearing that he was making a truthful accusation, the accused that he was not guilty.

αὐτῷ: "upon himself (Stephanos)," i.e., if he were swearing falsely

ἐπαρασάμενος < ἐπαράομαι

εἶδεν < ὁράω

ἤκουσεν: "heard about from" + gen.

ἐξελεωχθείς < ἐξελέγχω

ἐπιορκῶν < ἐπιορκέω, "to swear falsely"

καταφανής: where English would say "it was clear," Greek says "he was clear(ly)."

μεμισθωμένος...ἀργύριον εἰληφώς: "(having been) hired...receiving cash," to procure the conviction of Apollodoros. εἰληφώς < λαμβάνω.

Κηφισοφῶντος καὶ Ἀπολλοφάνους: this is probably the Athenian politician Kephisophon son of Kallibios of Paiania. It is unclear who Apollophanes was, but he may have been a politician travelling in the same circles as Kephisophon and Stephanos.

ἐξελάσαι < ἐξ-ελαύνω

ἢ ἀτιμῶσαι: Gernet excises this phrase from the text, on the grounds that the penalty for homicide would (only) be exile, not disenfranchisement. Other editors (including Dilts 2009) retain it, on the grounds that a fine is a possibility, and if the fine were too high to be paid, it could result in disfranchisement.

Against Neaira

πεντακοσίων: in most manuscripts πεντακοσίων is followed by δραχμῶν, but the majority of editors, following Reiske, delete the δραχμῶν. If δραχμῶν is accepted, it could refer either to how much Stephanos spent securing witnesses, or (perhaps less likely) to how much he was bribed to bring the case. A couple of manuscripts have δικαστῶν instead of δραχμῶν, thus "500 jurors," which is unlikely for a case heard at the Palladion (which we hear elsewhere had 51 special jurors called ἐφέται).

ἐπιωρκηκὼς καὶ δόξας πονηρὸς εἶναι: "a perjured man and one with the reputation of a scoundrel"

11

τί ἂν ἐχρησάμην: "what use I would have made of (+ dat.)," i.e., "what I would have done with" (see LSJ χράομαι C.III.4)

συνέβη < συμβαίνω: used impersonally here, with the dative + infinitive construction

ἀγῶνι: the word ἀγών is often used, as here, of court trials.

περιπεπτωκώς < περι-πίπτω

ἦν: 1st person singular, imperfect of εἰμί

(§12–15) Theomnestos says that Stephanos has offended against the laws, the gods, and the city by living with a non-citizen woman and passing off her children as citizens. He calls Apollodoros to speak.

12

παρακαλούντων δή με ἁπάντων: "since, in fact, everybody is urging me..." beginning a long genitive absolute that stretches on into the next paragraph, leading to the climactic main verb, ἥκω (§13)

ἰδίᾳ: adverbial, "on one's own, privately" (LSJ ἴδιος VI.2)

ὀνειδιζόντων μοι: "reproaching me with the charge that" + indirect statement

οἰκείως ἔχων: ἔχω + adverb = εἰμί + adjective

ἔχων τά: Dilts 2009 follows Lamb in deleting τά.

λήψομαι < λαμβάνω + δίκην, "exact punishment." λήψομαι is a future in an emotional future condition (also known as a future most vivid condition) (G. 648.b, S. 2328); so too καταστήσω, below.

μηδὲ...καταστήσω: take these together; μηδέ coordinates λήψομαι and καταστήσω.

τὴν...ἀσεβοῦσαν: i.e., Neaira, the nominal defendant in the case (although the real target is Stephanos); ἀσέβεια was an offense taken very seriously by the Greeks.

καταστήσω κυρίους: "render you empowered to," i.e., enable you (legally) to. Supply as subject ὑμᾶς; governs the infinitive χρῆσθαι, "treat," "handle" + dat.

13

ἀφῃρεῖτο: "sought to deprive," conative imperfect (G. 459.a, S. 1895) + double acc.

εἰς ὑμᾶς: "before you, in front of you"

ἐπιδείξων: "to show," "to prove that" + acc. + ptc. (LSJ ἐπιδείκνυμι II.1)

συνοικοῦντα < συνοικέω: this is the most common way of saying "be married to" in Greek.

εἰσαγαγόντα εἴς τε τοὺς φράτερας: male Athenian citizens introduced their sons (after 451/0 BCE, only those born to two citizen parents) to their phratries (or "brotherhoods") during the first year of their lives; at the age of 14, boys were reintroduced to their fathers' phratries. Introduction of one's son into one's phratry was, among other things, a way of acknowledging him as one's legitimate citizen offspring.

εἰς τοὺς δημότας: every male citizen belonged to both a phratry and a deme (a self-governed geographic unit of Attica). Young men were registered in their demes at the age of 18 after undergoing a scrutiny.

ἐγγυῶντα: ἐγγυή was a common form of marriage in Greece, in which the girl's guardian or κύριος (either father or brother) betrothed to her to her future husband.

ἑταιρῶν: ἑταίρα is often translated as "courtesan": it refers to a prostitute of relatively high status, though she was still often slave or freed slave, as opposed to the lower-status πόρνη, a streetwalker or brothel prostitute (see further Kurke 1999: 175-219). Images of what scholars conventionally label as ἑταῖραι are common in Greek vase painting, but cf. Topper 2012: 105–35 on the difficulties of identifying such individuals as ἑταῖραι.

ἄκυρον...τῶν αὑτοῦ: "powerless over its own affairs"

ἐξόν < ἔξεστι; accusative absolute (G. 591, S. 2076)

ἐλάττονος: comparative degree of ὀλίγος

αὐτὸ τοῦτο: "this same result," i.e., bypassing the normal procedures for obtaining citizenship

14

ἅ...ἀδικηθείς...ἐγραψάμην: "With respect to which things having been wronged I lodged this indictment," i.e., "The wrongs I suffered that led me to lodge this indictment." The participial phrase is causal. The accusative ἅ can be taken as a cognate or internal accusative with ἀδικηθείς (G. 536).

αὑτηΐ: on the deictic iota (-ι), see §1.

παρανενόμηκεν < παρα-νομέω

ἅπερ ἡγοῦμαι προσήκειν: "something which I consider it appropriate for" + acc. + infin.

νέον τε ὄντα καὶ ἀπείρως ἔχοντα τοῦ λέγειν: claims to youth and inexperience are commonplace in Attic oratory.

συνήγορον: it was not uncommon for speakers to use συνήγοροι (who were not professional advocates, but friends or family) to assist in delivering their speeches. In this case, the συνήγορος (Apollodoros) delivers the bulk of the speech.

κελεῦσαι: dependent on δέομαι above; supply as subject ὑμᾶς.

15

τὸν ὑπάρξαντα: "the one who started (the trouble)," i.e., Stephanos

οὕτως ἤδη: "only at that point," having heard all the details

ὑπέρ: "in the interests of"

(§16–126) *The rest of the speech is delivered by Apollodoros.*

(§16–17) *Apollodoros has the law read out specifying the penalties for non-citizen men who marry citizen women, and for citizen men who marry non-citizen women, and promises to prove that Stephanos and Neaira are an instance of the latter.*

16

ἃ μὲν ἠδικημένος...ἀναβέβηκα: for the construction, see §14. ἀναβέβηκα < ἀναβαίνω, "to mount the speaker's platform (βῆμα)" (LSJ II.6).

κατηγορήσων < κατηγορέω

ἀναγνώσεται: "will read aloud" < ἀναγιγνώσκω; supply as subject the clerk in the courtroom.

Νόμος: there is some doubt about the authenticity of documents preserved in the corpus of the Attic orators. Carey 1992: 92 thinks that this law is likely genuine since it includes details that don't appear in Apollodoros' paraphrase of the law (i.e., that only citizens can prosecute; the reward for a successful prosecutor and the punishment for an Athenian citizen convicted of marrying a foreign woman). Kapparis 1999 also argues that it is genuine on the basis of "linguistic criteria, the comparison with the context and an analysis of the content": namely, the use of standard forensic language, and the fact that the law contains information not in the surrounding text and doesn't incorporate some elements that are (p. 198). Kapparis argues that this and the law in §52 are parts of the same law, which he dates to the 380s (1999: 202) (other scholars date it all the way back to Pericles or to around 350).

τέχνῃ: "way, manner" (LSJ I 3)

ἡτινιοῦν < ὁστισοῦν, "anybody, anything whatsoever" (the indefinite pronoun ὅστις is made more indefinite in this compound with οὖν)

γραφέσθω...οἷς ἔξεστιν: "let anyone who wishes, from among the Athenians having the right (to do so), indict him before the Thesmothetai"

ἔξεστιν: impersonal; here it refers to citizens who are not disenfranchised

θεσμοθέτας: the θεσμοθέται were the six "junior archons"; like the other archons, they were selected by lot and held their post for only one year. They were in charge of legal and judicial matters.

ἁλῷ < ἁλίσκομαι (aor. ἑάλων), "is convicted"

πεπράσθω < πιπράσκω

ἑλόντος < αἱρέω (aor. εἷλον), "the one who convicted" (LSJ A.II.4)

κατὰ ταὐτά: lit., "in accordance with the same things"

τῇ ξένῃ τῇ ἁλούσῃ: "the foreign woman so convicted," dat. with συνοικῶν

Against Neaira

17

παιδοποιεῖσθαι: here, refers to the bearing of legitimate citizen children

παρὰ ταῦτα: "contrary to these things"

πεποίηκεν: supply as subject "the law"; ποιέω (+ infinitive): "to bring it about that"

Narrative portion (διήγησις) of the speech, 18–84. It is unusually long for a διήγησις, but this digressiveness is characteristic of Apollodoros' style.

(§18–20) Neaira was one of seven girls purchased and raised to be prostitutes by Nikarete, a freedwoman from Elis. She passed them off as her freeborn daughters, but then sold them when their earning days were over.

18

ἑπτά...ταύτας παιδίσκας: no article is needed with the demonstrative when definite numbers are used (S. 1178).

ἐκτήσατο: "purchased" as slaves

Ἠλείου: of Elis, a region in the Peloponnese

δεινή...συνιδεῖν: δεινός + infinitive = "clever, skilled at [doing something]"

καὶ δυναμένη: Dilts 2009, following Auger, brackets this as an explanatory gloss.

εὐπρεπῆ: modifies the preceding φύσιν; for 3rd declension adjectives of the -ης/ες type, see S. 292.

συνιδεῖν < συνοράω (aor. συνεῖδον), "to discern with a keen eye" (Kapparis 1999: 208)

καὶ ταῦτα: a common way of amplifying what's come before; translate as "what's more" or "in addition."

τέχνην ταύτην κατεσκευασμένη: "making this her profession" (LSJ κατασκευάζω A.3)

ἀπὸ τούτων: the demonstrative pronoun here is neuter.

βίον: here, "livelihood"

συνειλεγμένη < συλλέγω, "get, earn"

Notes

19

προσειποῦσα < προσεῖπον (used as second aorist of προσαγορεύω)

πράττοιτο: here with its middle sense "to obtain, to exact [money]" + double accusative (person and thing) (LSJ πράσσω VI)

πλησιάζειν: with a sexual sense: "to consort with"

ἡλικίαν: Kapparis 1999 translates this as "flourishing youth" (214) or "prime youth" (215).

συλλήβδην: i.e., all of them (but not all at the same time)

σώματα: the word σῶμα is often used as a synonym for "slave," since slaves were conceptualized as (mere) bodies. Here, however, the word σώματα is better taken as "bodies."

ἀπέδοτο: "sold" (LSJ ἀποδίδωμι III)

Ἄντειαν καί...Νέαιραν: some of these prostitutes are mentioned in book 13 of Athenaeus' *Deipnosophistai*; see Kapparis 1999: 208–9 for more detail.

20

ἣν μέν...καὶ ὡς: "which one...and how," introducing indirect questions after δηλώσω below

ἂν βούλησθε...ᾖ: ἄν = ἐάν

ὕδατος: that is, the water in the κλεψύδρα (water clock), used to measure time in court

ἐπανελθεῖν < ἐπανέρχομαι, in speaking or writing, "to return to [a point]"

(§21–22) *Lysias the sophist asked Nikarete to bring Metaneira to Athens in order to initiate her into the Eleusinian Mysteries. Neaira came along, too, and all three stayed with a man named Philostratos.*

21

Λύσιας...ὁ σοφίστης: this is the famous rhetorician and logographer Lysias. While σοφίστης can be used pejoratively, here it simply refers to his profession as a teacher of oratory.

μυῆσαι < μυέω: i.e., to initiate into the Eleusinian Mysteries, held in honor of Demeter and Persephone

Against Neaira

τὴν κεκτημένην αὐτήν: "her owner," Nikarete, subject of λαμβάβειν, "was taking," in indirect statement after ἡγούμενος

ἀναλώσῃ < ἀναλίσκω, "spend"

καταθήσεσθαι < κατατίθημι; takes χάριν as its object

ἐδεήθη < δέομαι, "to beg, ask"

ὑπέσχετο < ὑπισχνέομαι, "to promise"

22

αἰσχυνόμενος < αἰσχύνω + acc. person before whom one feels shame

Βραχύλλου: Brachyllos was the husband of Lysias' sister.

ἐν τῷ αὐτῷ: "in the same [house]"

διαιτωμένην < διαιτάω (mid./pass.), "lead one's life, live"

ὡς Φιλόστρατον: ὡς + acc. personal name = "at the house of"

Κολωνῆθεν: from Kolonai, an Attic deme.

νεωτέρα: comparative degree (G. 177, S. 313), here with the sense of "too young." Kapparis suggests that she was around twelve or thirteen (i.e., not yet of marriageable age) (1999: 215).

διὰ τὸ μήπω τὴν ἡλικίαν αὐτῇ παρεῖναι: "because the (proper) age was not yet present for her," i.e., because she was not yet old enough. τό...παρεῖναι is an articular infinitive. ἡλικίαν serves here as the accusative subject of παρεῖναι < παρά + εἰμί (+ dat.).

(§23–26) *A man named Simos later brought Neaira back to Athens, where she drank and dined openly with men. Neaira in time became a famous prostitute in Corinth.*

23

Μαρτυρία: in the fourth century BCE, witness testimony was read aloud by a clerk (rather than delivered directly by witness). The witness simply affirmed or denied that a given statement was true. Dilts 2009 brackets this testimony (following Westermann), considering it spurious.

Νικαρέτης: "(a slave) of Nikarete"

ἐπεδήμησαν: "visited (Athens)"

Notes

ἐν Κορίνθῳ οἰκοῦσαι: "dwelling in Corinth," i.e., from their home in Corinth

καταστῆσαι: "set up," "caused to dwell." The subject is Λυσίαν.

ὡς αὑτὸν: "at his own (Philostratos') house"

ἐπιτήδειον: substantive, "a close friend" (LSJ ἐπιτήδειος II.2)

24

πάλιν τοίνυν: "again, furthermore," introducing a new element in the narrative

Παναθήναια τὰ μεγάλα: The Panathenaia was a yearly festival in Athens in honor of Athena; every four years the Great Panathenaia, a more elaborate version of the festival, was celebrated.

Κυδαντίδῃ: of the deme Kydantidai

ἐναντίον πολλῶν: "in the presence of many men"

ὡς ἂν ἑταίρα οὖσα: Dilts 2009, following Kapparis 1999, brackets the ἂν as spurious. As Kapparis 1999: 221 says: "ἂν after ὡς would imply that Neaira actually was not a courtesan. But the orator says 'like a courtesan.'"

25

μοι: the ethical dative (G. 523a, S. 1486); translate as "please."

Μάρτυρες: Dilts 2009 brackets this whole passage as spurious, following Westermann.

Αἰξωνέα: of the deme Aixone

Ἀλωπεκῆθεν: from the deme Alopeke

ἀγωνιζομένην: "on trial," "in dispute" < ἀγωνίζομαι

ἄλλων...συμπινόντων: genitive absolute, awkwardly placed at the end of the sentence. It makes better sense if understood before συμπίνειν...οὖσαν.

26

οὔσης λαμπρᾶς: "being quite a celebrity"

ἄλλοι τε...καί: "others, and especially"; ἄλλος often precedes the particular thing with which it is contrasted (S. 1273; see also LSJ II.6).

Against Neaira

μεμισθωμένοι: pf. middle, "having taken out a lease," implying a promise of regular payment

οὐ γὰρ ἐῶσιν αὐτὸν οἱ νόμοι μαρτυρεῖν: i.e., because he was disenfranchised (ἄτιμος), for reasons about to be explained

(§27–29) *Apollodoros describes a number of Neaira's former clients, including Timanoridas and Eukrates.*

27

ὅτε γὰρ Λακεδαιμονίους ὑμεῖς ἐσῴζετε ὑπὸ Καλλισράτου: In 369 the Thebans invaded Sparta, and the Spartans turned to Athens for help. Kallistratos, to whom Apollodoros was hostile, was a prominent politician who had negotiated peace with Sparta in 371.

ἀντείπων < ἀντεῖπον (a second aorist without a present) (+ dat.)

ἐν τῷ δήμῳ: as often, δῆμος refers to the Assembly.

ἐωνημένος: "since he had purchased" < ὠνέομαι

τὴν πεντηκοστὴν τοῦ σίτου: "(the right to collect) the two percent tax on grain." πεντηκοστήν: literally, 50th part, a tax of two percent. Imports into the harbors of Attica were taxed at this rate. The πωληταί (financial magistrates) auctioned off tax-collecting to the highest bidder, and the tax-collector's profit came from the difference between what they bid and the amount they collected.

καὶ δέον αὐτόν: "and it was required that he." δέον < δεῖ; accusative absolute (see §13)

καταβολάς: "installments, payments," cognate with καταβάλλω, above; the tax-collector's bid was paid in 10 installments, one per prytany.

κατὰ πρυτανείαν: "each prytany"; for this term, see §7.

ἀτελείας: refers here to exemption from military service. Apparently, tax collectors were exempt from serving in the military because they needed to remain in town to collect and deliver taxes.

οὐκ ἐξελθών: "when he did not go out on" < ἐξέρχομαι + cognate accusative (see G. 536, S. 1567)

ἀστρατείας: genitive of charge or crime (see §5). Conviction in a γραφὴ ἀστρατείας resulted in disenfranchisement.

Notes

διαβληθείς < διαβάλλω

ἑάλω < ἁλίσκομαι; for this root aorist form, see G. 366, S. 682. Dilts 2009 replaces ἑάλω (Rennie's correction) with the manuscript reading ἥλω (an alternate spelling of ἑάλω; see S. 431).

ἠτιμώθη < ἀτιμόω

28

δεινόν: "a monstrous thing, an outrage"

ἀπεστέρηκε < ἀποστερέω, "to rob someone (acc.) of something (gen.)"

προσήκοντας < προσήκω: frequently in the participle, προσήκω functions as an adjective meaning "belonging, befitting"

μηδέν: adverbial accusative (see §1)

βιάζεται: "forces in," i.e., into the citizen body

ἐξόμνυσθαι: i.e., to swear that one does not know anything, or possibly that the testimony read aloud was false. This is referred to as an "oath of disclaimer."

Μαρτυρία: Dilts 2009 brackets this whole passage as spurious, following Westermann.

Ἀθμονεύς: of the deme Athmone

τῶν μισθαρνουσῶν: "of the type who charge a fee," removing any potential ambiguity in the term ἑταίρα

29

Κορίνθιος: from Corinth

Λευκάδιος: from Leukas, a Greek island in the Ionian sea

πολυτελής...τοῖς ἐπιτάγμασιν: "extravagant in the demands she made of them"

ἀξιοῦσα: parenthetical, "since she expected..."

αὐτῆς...τοῦ σώματος: αὐτῆς is a possessive genitive ("her [body]"); take σώματος with τιμήν ("price [of her body]")

τριάκοντας μνᾶς: 30 mnae is a very high price for a slave; most slaves cost in the range of 1-5 mnae.

αὐτήν...αὐτῆς: the first αὐτή refers to Neaira, the second to Nikarete.

Against Neaira

νόμῳ πόλεως: i.e., by the law of Corinth; it is unclear if Corinth's law on the sale of slaves differed from Athens'.

εἶναι: infinitive of purpose (S. 2008)

ἐχρῶτο: "had sex with" < χράομαι + dat. (LSJ IV.2)

ὅσον…χρόνον: take these words together.

(§30–32) *Timanoridas and Eukrates decided to buy Neaira from Nikarete, and in time they offered to free her if she could pay them twenty mnae. Neaira collected this money from her former clients, including a man named Phrynion.*

30

γεγενημένην: circumstantial participle modifying αὐτήν; here, likely with causal force

ἡδέως ἂν αὐτοῖς εἴη: lit., "it would be pleasant for them"; i.e., "they would be pleased" (LSJ ἡδύς III)

κομίσασθαι: "get back, recoup, recover"

ἀφιέναι: "to remit, excuse, give up" (LSJ ἀφίημι II.2.c)

τὰς δ᾽ εἴκοσι μνᾶς: "the remaining 20 mnae" = 2,000 drachmae. The full price was 30 mnae = 3,000 drachmae, of which they remitted one third.

ἐξευροῦσαν: "when she found (the means)"

ἀποδοῦναι < ἀποδίδωμι

γεγενημένων αὐτῇ: take αὐτῇ here as a dative of possessor.

Παιανέα: of the deme Paiania

31

ἔρανον: ἔρανος is literally a friendly loan, often without interest and therefore given as a kind of favor or gift. See §8.

αὐτοῦ προσθέντα: both refer to Phrynion; the former is genitive following δεῖται; the latter is accusative as the subject of the infinitive καταθεῖναι.

καταθεῖναι αὐτῆς: supply τιμήν (and again in §32). Note that a third party (Phrynion) has to hand over the money for her freedom; as a slave, Neaira herself is not allowed to make financial transactions.

Notes

τῷ Εὐκράτει: Dilts 2009 prints τῷ τε Εὐκράτει.

32

λαβών < λαμβάνω

εἰσηνέχθη < εἰσφέρω

προσθείς < προστίθημι

ἐφ' ᾧ: "on the condition that"; takes an infinitive in a proviso clause (S. 2279)

(§33–35) *Phrynion and Neaira then went to Athens, where she attended drinking parties at which her body was at the disposal of many men. Upset with how she was treated by Phrynion, she left for Megara, along with her clothing, jewelry, and female slaves.*

33

ἐχρῆτο αὐτῇ: "treated her." The subject of the verb is Phrynion; see §31-32.

ἐκώμαζε: the subject here is Neaira (the other verbs in this sentence have Phrynion as their subject).

συνῆν: "had intercourse with, had sex with" (LSJ σύνειμι1 II.2).

φιλοτιμίαν τὴν ἐξουσίαν πρὸς τοὺς ὁρῶντας ποιούμενος: "making his privilege an object of envy in front of the onlookers" (LSJ ἐξουσία III). Note the predicate position of φιλοτιμίαν.

ὡς: "at the house of" + acc.

ἐπὶ Σωκρατίδου ἄρχοντος: one way of reckoning years in Athens was by the name of that year's eponymous archon; thus, "in the archonship of Sokratides": 374/3 BCE

τὰ Πύθια: the Pythian Games were panhellenic festivals held every four years at the sanctuary of Apollo at Delphi.

Ἀργείου: of the Greek city of Argos

εἱστία τὰ ἐπινίκια: "gave a feast to celebrate his victory." εἱστία < ἑστιάω. ἐπινίκια < adj. ἐπινίκιος; the plural substantive can mean, as here, "sacrifice for a victory or feast in honor of it."

Κωλιάδι: at Kolias, a promontory on the bay of Phaleron, in Attica

συνεγίγνοντο αὐτῇ μεθυούσῃ: "had intercourse with her when she was drunk"

Against Neaira

34

Μαρτυρία: Dilts 2009 brackets this whole passage as spurious, following Westermann.

κληθῆναι < καλέω

καθεύδειν: evidently = "went to bed," as opposed to being asleep, since they claim to have noticed (αἰσθάνεσθαι αὐτοί) men visiting Neaira later.

35

προὐπηλακίζετο < προπηλακίζω, used figuratively to mean "to treat in an insulting fashion"

ὑπηρέτει αὐτῇ ἃ ἐβούλετο: "help her in the ways she wanted." The language is vague. See LSJ ὑπηρετέω II.4.

αὐτοῦ: take as genitive of possession with τά.

τὰ ἐκ τῆς οἰκίας: the article is being used substantively here.

ὅσα: modifies ἱμάτια καὶ χρυσία, which follow

περὶ τὸ σῶμα: i.e., Neaira's body

χρυσία: gold jewelry

Θρᾷτταν: Thratta is a common name for female slaves, meaning "Thracian." Thrace was a regular source of slaves.

Ἀστεῖος...ἦν ἄρχων: i.e., the year 373/2 BCE

Ἀθήνησιν: "in Athens," locative adverb (G. 228, S. 341)

ὕστερον πόλεμον: in 378, the Spartans tried to seize the Athenian port of Piraeus, and so Athens allied itself with Thebes (Sparta's enemy). Peace was declared in 374, but war broke out again shortly thereafter and lasted until 371. The ὕστερος πόλεμος is the war that broke out in 374.

(§36–38) Stephanos then came to Megara and became a client of Neaira. After she told him about her treatment at the hands of Phrynion, he vowed to protect her, to keep her as his wife, and to introduce her children into his phratry.

36

Ἀλκισθένους ἐνιαυτόν: i.e., 372/1 BCE

Notes

ὡς: a causal conjunction (G. 633d, S. 3000)

ὥστε διοικεῖν: natural result clause

ἀνελεύθεροι: with respect to money matters this adjective means "stingy."

ξένων δὲ οὐ πάνυ ἐπιδημία ἦν: "there was not much residence of foreigners at all," i.e., Megara was quite inhospitable to foreigners at that time, for reasons about to be listed. ἐπιδημία: when this word is used of foreigners, it refers to their coming to and staying in a place that is not their home city.

τοὺς μὲν Μεγαρέας...τῆς δὲ θαλάττης: note the μέν/δέ contrast being drawn

ἐξῆν < ἔξεστίν: see §3.

ἐπανελθεῖν < ἐπανέρχομαι

ἐπὶ τούτῳ: "on this condition" (S. 2279), with the condition spelled out in the ὥστε clause (S. 2268)

ἀπηλλάχθαι < ἀπαλλάττω

37

ὡς: here, temporal conjunction

ἡ εἰρήνη: a peace treaty was signed in the summer of 371 BCE ending a two years' war and guaranteeing the independence of all Greek poleis.

ἐπὶ Φρασικλείδου ἄρχοντος: 371/0 BCE

ἡ μάχη ἡ ἐν Λεύκτροις: Thebes had wanted to sign the peace treaty (mentioned above) on behalf of all the Boiotians, but Athens and Sparta objected, and war followed. At the battle of Leuktra, Sparta was defeated, and Sparta's power essentially came to an end.

ὕβριν: ὕβρις is an important concept in ancient Greek law and thought, referring to violently insulting behavior (and sometimes to the state of mind underlying this behavior).

ἐπιδοῦσα ἅ...ἔχουσα: "handing over to him (Stephanos) the property she had (i.e., had taken or been given) from him (Phrynion) when she left (Athens)," as described in §35. ἅ is an abbreviated form of ταῦτα ἅ, where the elided ταῦτα is the object of ἐπιδοῦσα, and ἅ is the object of ἔχουσα.

διὰ τὸ ἠδικηκέναι μὲν αὐτή: "because of the wrong she had done him" (by absconding with his property). The manuscripts have αὐτήν, which would reverse the meaning.

ὀργίλως ἔχειν: for ἔχω + adverb, see §12; take ἔχειν as parallel to ἠδικηκέναι (both are objects of διά).

εἰδυῖα < οἶδα

προΐσταται: it is unclear (see Patteson 1978: 68-69) whether this verb is being used in its technical sense to mean "to set him up as her προστάτης," i.e., her citizen patron (all freed slaves and metics had προστάται) (Carey 1992: 104-5), or in a looser sense to mean "to place oneself under [someone's] protection" (Kapparis 1999: 107).

38

ἔπαρας: "encouraging" < ἐπαίρω, "to lift up," used figuratively

φυσήσας < φυσάω, "to inflate, puff up," used figuratively

ὡς κλαύσοιτο: supply a verb of saying (hinted at with the preceding λόγῳ) to introduce this (secondary sequence) indirect statement. κλαύσοιτο: "would lament," i.e., would regret it, < κλαίω. Kapparis 1999: 245 points out that "metaphorically used it implies threat of physical violence."

ἔξων...εἰσάξων...ποιήσων: all of these participles modify an implied Stephanos, future tense indicating his intent.

εἰσάξων εἰς τοὺς φράτερας: see above §13. Here Stephanos is offering to introduce Neaira's children to his phratry as his own.

ὡς αὐτοῦ ὄντας: ὡς + circumstantial participle = "on the grounds that" (G. 593c, S. 2086); in this case, "on the grounds that they are his [children]"

ἀδικήσει: understand Neaira as the object of this verb; supply a verb of saying to introduce this clause. Kapparis 1999: 245 suggests that there is a shift to direct speech (hence the indicative, rather than the optative, which we saw with κλαύσοιτο); we might also explain this as a retained indicative. Either way, the force is to emphasize Stephanos' promise that no one would hurt her.

(§39–41) *When Phrynion learned that Neaira was in Athens, he tried to drag her away as his slave, to which Stephanos responded by asserting her freedom. Neaira continued to work as a prostitute, now charging higher fees, and Stephanos blackmailed foreigners he caught having sex with her.*

39

Ἑρμῆν: "[the statue of] the whispering Hermes." It isn't known where this was located, nor what "whispering Hermes" refers to.

Notes

ἣν νυνὶ Σπίνθαρος: as Carey points out (1992: 106; see also Kapparis 1999: 247), whose house is being referred to here is grammatically ambiguous, but the context suggests that it refers back to Stephanos' οἰκίδιον, despite the change in gender.

ἑπτὰ μνῶν: attested home prices in fourth-century Athens range from 3 to 120 mnae (Kapparis 1999: 247). Apollodoros is trying to make the point that Stephanos didn't have a lot of money, which is what drove him to bring frivolous lawsuits. We don't know, however, whether this was Stephanos' only property, or one of several.

ἐώνηται < ὠνέομαι

δυοῖν δ' ἕνεκα: "for two reasons"

ἐξ ἀτελείας: i.e., "without payment"

ὡς...ἕξων...καί...ταύτην ἐργασομένην καὶ θρέψουσαν: "so that he could have... and she would earn...and maintain." Future participles expressing purpose.

ἐργασομένην < ἐργάζομαι, here, "to earn by working" (LSJ II.4)

ὅ τι μή: "except, unless" (S. 2765; see similarly G. 656)

συκοφαντήσας: a sycophant (συκοφάντης) is someone who brings malicious prosecutions solely for his own financial gain; the term is also often used for blackmailers.

40

πυθόμενος < πυνθάνομαι

ἐπιδημοῦσαν: "was visiting (Athens)"

τούτῳ: i.e., Stephanos

ἦγεν: "attempted to lead her away," on the grounds that she was his slave. Conative imperfect (G. 459.a, S. 1895).

ἀφαιρουμένου...εἰς ἐλευθερίαν: If a free person (A) was unjustly claimed by another (B) as their slave, a third party (C) could act as A's vindicator, carrying them away to freedom. This was called an ἀφαίρεσις (or ἐξαίρεσις) εἰς ἐλευθερίαν. C would then furnish sureties (or guarantors) before the polemarch for the appearance of A in court. In turn, B could then bring a δίκη ἀφαιρέσεως (or ἐξαιρέσεως), accusing C of illegally taking away his property.

κατηγγύησε < κατεγγυάω: that is, Phrynion compelled Neaira to post bail.

41

διεγγυηθεῖσα < διεγγυάω

ἐργασίαν: cognate accusative

ἐπράττετο: see §19.

ὡς ἐπὶ προσχήματος: "on the grounds," "under the pretext" + ptc.

τινὸς οὖσα: "being of someone," i.e., "being someone's wife"

συνεσυοφάντει: the συν- takes an implied "her" (αὐτῇ).

ἀγνῶτα < ἀγνώς: i.e., unknown to them and so unaware of who Neaira actually was. Patteson 1978: 75-76 points out that the advantage of trapping a foreigner is that they wouldn't know their rights under Athenian law.

μοιχόν: although this word is often translated as "adulterer," μοιχεία is not identical to our concept of adultery. It refers to an illicit sexual act, essentially any sexual act between two citizens outside the bounds of marriage.

πραττόμενος: "exacting as payment," i.e., extorting; see LSJ πράσσω VI.

εἰκότως: "and rightly so, naturally." Ironic. The idea is that their blackmailing scheme was "reasonable" because (as is about to be explained) they needed the money.

(§42–45) *The blackmailing was motivated by a need for money: Neaira wanted to maintain the lifestyle to which she had become accustomed, and Stephanos' only source of income was bringing frivolous lawsuits. Friends of Phrynion and Stephanos brought the two men to arbitration.*

42

οὐσία: here in the sense of "resources" generated by an estate

ὑπῆρχεν: "existed" + dat. of possession, < ὑπάρχω (LSJ B.2)

δύνασθαι: supply as subjects Neaira and Stephanos.

διοίκησις: the costs of keeping up a house

ὁπότ' ἔδει: "since it was necessary." See LSJ ὁπότε B. Dilts 2009 prints ὅπου γε δέοι, following Kapparis 1999, with similar meaning (LSJ ὅπου II.2).

ἄλλως τε καί: "especially"

Notes

μεμαθηκυῖα < μανθάνω; in past tenses, can have the sense of "to be accustomed to" + infinitive.

μὴ κακῶς ἔχειν τὰ ἐπιτήδεια: "to not be in a bad state with regard to necessities," i.e., to live comfortably, see note on §30 regarding ἔχω + adverb. For τὰ ἐπιτήδεια = "necessaries, provisions," see LSJ ἐπιτήδειος II.1.

ἑτέρων ἀναλισκόντων: genitive absolute, "with others bearing the expenses"

τὸ πρότερον: adverbial accusative (see §1611)

43

πολιτείας: "the daily life of a citizen," i.e., doing civic business (LSJ A.2)

προσῄει < πρός + εἶμι, of revenue, "to come in" (LSJ πρόσειμι [εἶμι ibo] III)

παραβοώντων: that is, shouting in support of, or in opposition to, other (more prominent) politicians who were speaking at the speakers' platform (βῆμα), in order to whip up the crowd in the Assembly.

γραφομένων μισθοῦ: "indicting for pay"; that is, Stephanos was paid by others to bring γραφαί against their opponents.

φαινόντων < φαίνω, "to inform against, denounce" someone who withholds property that belongs to the state; successful prosecution in a φάσις brought the prosecutor half the fine the jury imposed.

ἐπιγραφομένων < ἐπιγράφω, "to inscribe one's name on" proposals as the (in this case, alleged) proposer. Senior politicians who didn't want to take on the risk of making a new proposal in their own name would sometimes pay others to do so.

γνώμαις: "proposals"

ἕως: introduces a temporal clause; governing an aorist verb, it means "until" (G. 631, S. 2383C).

ὑπέπεσε: "fell under the sway of" + dat. < ὑποπίπτω

ἐξ ὅτου δὲ τρόπου: "in what way" (for the preposition, see LSJ τρόπος II.3). ὅτου < ὅστις, used as the indirect interrogative adjective

ἠσέβηκεν < ἀσεβέω

44

ἐλάττω = ἐλάττονα (< ἐλάσσων); adverbial accusative

Against Neaira

δοῦναι δίκην: δίδωμι δίκην means "to suffer a punishment, pay a penalty."

ὅσῳ: "inasmuch as"

κατεφρόνηκεν < καταφρονέω (+ gen.)

οὐδ'...τολμᾷ: "he does not endure to," "he cannot bring himself to"

ἡμαρτημένων < ἁμαρτάνω: the participle is neuter.

αὐτῷ: dative of agent with perfect passive participle ἡμαρτημένων

συκοφαντῶν: "bringing baseless charges against" < συκοφαντέω

τουτονί: i.e. Theomnestos; subject of καταστῆσαι

αὐτὸν καὶ ταύτην: i.e. Stephanos and Neaira; objects of καταστῆσαι

ἐξετασθῆναι < ἐξετάζω, "examine, investigate"

45

λαχόντος < λαγχάνω: λαγχάνω δίκην: "to obtain permission to bring a suit" (+ dat. of person charged) by handing in a statement of the charge to the appropriate magistrate. The suit referred to here is likely a δίκη ἀφαιρέσεως.

αὐτοῦ ἀφείλετο: "he took from him" < ἀφαιρέω (+ gen. of person from whom something/someone is taken)

συνῆγον: "brought them together"

ἐπιτήδειοι: "close friends"

δίαιταν ἐπιτρέψαι αὐτοῖς: "to refer the arbitration to them," i.e., to turn the matter over to them for arbitration. See LSJ ἐπιτρέπω I.A.3. In Athens, there was both private and public arbitration (the former administered by private individuals, the latter by state officials). This is an instance of private arbitration, the decision of which was binding (cf. public arbitration, the decision of which could be appealed to the courts). The aim of arbitration was to arrive at a solution agreeable to both parties; usually, each party got to pick an arbitrator favorable to his side, and the two agreed on a third who was relatively impartial.

(§46–47) *The decision reached through arbitration was that Neaira should be free, that she should return to Phrynion nearly everything she took from his house, and that she should spend her time alternately with Phrynion and Stephanos.*

46

ἐν τῷ ἱερῷ: arbitration could take place in various public locations; it is unclear which temple this is. Carey 1992: 110 says: "The venue would guarantee solemnity and freedom from interruption, besides of course providing space for the proceedings."

ἀμφοτέρων καὶ αὐτῆς τῆς ἀνθρώπου: "from each man and from the woman herself." See G. 509.

ἀπεφήναντο < ἀποφαίνομαι + γνώμην, "to declare an opinion"

ἐνέμειναν < ἐμμένω (+ dat.); here, governs αὐτῇ (which refers back to γνώμην)

τὴν ἄνθρωπον: ἄνθρωπος can be used in the feminine "contemptuously, of female slaves" or "with a sense of pity" (LSJ ἄνθρωπος II).

εἶναι...ἀποδοῦναι...συνεῖναι...εἶναι...παρέχειν...εἶναι...μνησικακεῖν: take all of these infinitives as part of the indirect statement introduced by ἀπεφήναντο γνώμην.

ἠγοράσθη: "were purchased" < ἀγοράζω

ἡμέραν παρ' ἡμέραν: "day by day," i.e., "alternating every day"

ἀλλήλους πείθωσι: "persuade each other," i.e., "agree" on some other arrangement

κύρια: "binding"

τὸν ἔχοντα ἀεί: ἀεί can mean "at any given time"; here, "the one having [her] at any given time"

47

γνωσθεῖσα: "determined, pronounced" < γιγνώσκω (LSJ II.1)

διαλλαγή: "reconciliation"

ἀναγνώσεται: "will read aloud" < ἀναγιγνώσκω; supply as subject the clerk in the courtroom.

διαλλάξαι: "arranged a reconciliation," aor. act. infin. < διαλλάσσω

Διαλλαγαί: most scholars (cf. Carey 1992: 110–11) believe that this is not the genuine document issuing from the arbitration, since it doesn't include all the terms of the arbitration (Kapparis 1999: 262–63). Dilts 2009 brackets it in his text, following Westermann.

Against Neaira

χρῆσθαι: the verb (which takes the dative) can imply anything from spending time together to sexual intercourse. See LSJ χράομαι IV.b.

τὰς ἴσας ἡμέρας: "an equal number of days"

παρ' ἑαυτοῖς: "at their respective houses"

(§48–50) *The supporters of both men attest that, after the arbitration, they often drank and dined with Neaira. After summarizing what he has shown thus far, Apollodoros says that Stephanos married off Neaira's daughter Phano, as his own daughter, to a man named Phrastor.*

48

ἀπηλλαγμένοι ἦσαν < ἀπαλλάττω, in passive, "to be reconciled" (LSJ B.II.8); for periphrastic forms of the perfect (as here), see S. 599.

οἷον: the neuter singular of οἷος can be used, as here, as an adverb meaning "as, like" (LSJ V.2).

φιλεῖ: in its impersonal use, it means "is usual."

ἄλλως τε καί: "especially" (S. 2980)

ὡς ἑκάτερον αὐτῶν: "at the house of each of them," i.e., each arbiter went to the house of the man who had brought him into the matter to drink with Neaira on days when she was there.

49

ἀπέδρα < ἀποδιδράσκω (+ acc. of person from whom one runs)

ἥκουσα: "on arrival" in Athens

κατηγγυήθη ὡς ξένη οὖσα: "was forced to post bail as a foreigner"; see §40.

καταμεμαρτυρηκότ(α) αὐτῆς: "has given evidence against her," perfect participle in indirect statement

50

παιδάριον μικρόν: take as predicate of ἦν.

προῖκα: thirty mnae is an average-sized dowry.

ἀκριβῶς τὸν βίον συνειλεγμένον: "had gotten together a living frugally," i.e., had become prosperous through frugal living. συνειλεγμένον < συλλέγω

Notes

ἠπίστατο < ἐπίσταμαι

ἀρέσκειν: "adjust herself to," "fit in with"

ἐξουσίᾳ: i.e., power to do as she wished

(§51–53) *Phrastor, when he realized that Phano was not actually Stephanos' daughter, kicked her out of his house, though she was pregnant, and refused to give back her dowry. Stephanos then brought a suit against Phrastor for the dowry, to which Phrastor responded by alleging that Stephanos betrothed a non-citizen girl to him.*

51

κοσμίαν: "well-behaved," "decent"

πεπυσμένος < πυνθάνομαι

ἐξηπατήθη < ἐξαπατάω

ὅτ(ε) ἠγγυᾶτο: "when he got engaged to her," i.e., at the time of the betrothal, < ἐγγυάομαι (mid.) = "have a woman betrothed to one"

οὖσαν: governed by the earlier ὡς, "on the grounds that she (Phano) was..."

τούτῳ ἐξ ἀστῆς...γυναικός: "(the daughter) of this man (Stephanos) by a citizen woman." See LSJ ἐκ III.2.

πρίν...συνοικῆσαι: πρίν + infinitive = "before" (G. 568, S. 2431). Because the preceding πρότερον flags the upcoming πρίν (S. 2440), it is unnecessary to translate both words. Understand Stephanos as subject of συνοικῆσαι.

ἐκβάλλει: a technical (if harsh) way of saying "to divorce." All that was required for divorce in Athens was for the woman to move out of the house. Either party could initiate.

ὡς ἐνιαυτόν: ὡς + a numeral (*vel sim.*) can mean "about, nearly."

τὴν προῖκα οὐκ ἀποδίδωσιν: this is very unusual, in that generally after a divorce the dowry was given back to the woman (or more precisely to her κύριος); in this case, Phrastor is withholding it because he felt deceived.

52

λαχόντος < λαγχάνω. λαγχάνω δίκην = "to obtain permission to bring a suit" by handing in a statement of the charge to the appropriate magistrate. See §45.

δίκην σίτου: if the husband did not return his wife's dowry, the κύριος could bring a lawsuit (either a δίκη σίτου or a δίκη προικός). In a δίκη προικός, one sued for the return of the dowry at once; in a δίκη σίτου (literally a suit for "bread," i.e., the maintenance of the woman), one sued for the husband to pay interest on the dowry, which was now considered "on loan" to him.

Ὠιδεῖον: the Odeon, a roofed theater built by Pericles, was near the Theater of Dionysos and used for musical competitions. It also seems to have served as a courthouse.

ἀποπέμπῃ: supply a subject like τις.

ἐπ' ἐννέ(α) ὀβολοῖς: at a (high) rate of 9 obols per mina per month (i.e., 18% interest)

εἶναι: here with its impersonal sense, "it is possible, permitted" + dat. (in this case, τῷ κυρίῳ)

σίτου...δικάσασθαι: "to sue for maintenance," genitive of charge (G. 514)

γράφεται...γραφήν: Phrastor brings this (more serious) counter-suit as a way of getting Stephanos to drop his charges. It works.

ὡς αὐτῷ προσήκουσαν: "as if she were his own kin" (LSJ προσήκω III.3).

νόμος: as mentioned above, Kapparis 1999: 198 argues that this and the law in §16 are authentic and are two parts of the same law.

δήμοσια: the property is to be public in the sense that it is confiscated by the state.

τοῦ ἑλόντος: "(shall belong to) the one who secures his conviction" < αἱρέω (LSJ A.II.4.c)

γραφέσθων: "let (anyone who wishes) indict (him)"

καθάπερ: καθά + περ = "just as"

τῆς ξενίας: genitive of charge or crime (see §5); the charge in a γραφὴ ξενίας is posing illegally as a citizen.

53

ἐξελεγχθείς: conditional circumstantial participle (S. 2067), "if convicted of" + infin. ἠγγυηκέναι

ἠγγυηκέναι καί: the infinitive ἠγγυηκέναι is dependent on ἐξελεγχθείς

Notes

("convicted of having betrothed"); Dilts 2009 brackets the καί, following Reiske.

περιπεσεῖν < περιπίπτω; governed by κινδυνεύσει

ἀφίσταται: "gives up his claim on" + gen. < ἀφίστημι (LSJ B.1)

ἀνείλετο < ἀναιρέω (middle) "removed, canceled"; supply this verb again in the next clause.

(§54–57) *Stephanos reached a settlement with Phrastor, and both men withdrew their suits. Phrastor then fell ill, was tended to by Neaira and Phano, and was persuaded by them to acknowledge his son with Phano as legitimate, since he wanted an heir.*

54

Μαρτυρία: note that Phrastor gives a different order of events than Apollodoros does. This (among other peculiarities in the deposition) might indicate that the document is a forgery, though Dilts 2009 does not bracket it in his text.

ᾔσθετο < αἰσθάνομαι

λάχοντος: supply δίκην.

διαλύσασθαι πρὸς αὑτὸν Στέφανον: literally, "that he reconciled Stephanos to himself," i.e., he arranged a reconciliation with Stephanos. See LSJ διαλύω A.4.b.

55

φέρε: the imperative of φέρω can be used as an adverb meaning "come on."

γεννητῶν: members of a γένος, a kin-based subgroup of a phratry. Although all Athenian citizens belonged to phratries, not all belonged to γένη.

ἠσθένησε < ἀσθενέω; this is an ingressive aorist (S. 1924).

διετέθη < διατίθημι

διαφορᾶς: the fact that Phrastor was quarreling with his relatives is significant because they would be first to inherit if he didn't produce an heir.

πρὸς δέ: adverbial, "in addition"

τῇ θεραπείᾳ τῇ ὑπό: "by the care (which he received) from"

56

ἔρημος: governs τοῦ θεραπεύσοντος ("lacking someone to take care of [him]")

ἐπισκοπούμεναι < ἐπισκοπέω

ἴστε < οἶδα

αὐτοὶ: "you yourselves," the jurors, subject of ἴστε

ἐπείσθη: governs the infinitives λαβεῖν and ποιήσασθαι (of which τὸ παιδίον is the object)

ἔτεκεν < τίκτω

ποιήσασθαι υἱὸν αὑτοῦ: i.e., he acknowledged the boy as his (legitimate) son. Although ποιεῖσθαι can be used in a technical sense to mean "to adopt," that doesn't seem to be the sense here (Kapparis 1999: 285–86; cf. Patteson 1978: 91).

57

αὐτὸν περιγενήσεσθαι: "that he (Phrastor) would survive" the illness

τοῦ...μὴ λαβεῖν...μηδ' ἄπαις τετελευτηκέναι: articular infinitives with τοῦ; genitives of the articular infinitive can be used to express purpose, often a negative purpose (G. 576, S. 2032e): "so that...wouldn't get, and so that he would not die childless."

συγγενεῖς: accusative subject of λαβεῖν

ἐπεί: this word can be omitted in translation, or treated like γάρ (G. 629a, S. 2244).

ὑγιαίνων: conditional circumstantial participle; the present participle stands in for an imperfect indicative in a contrary-to-fact condition.

(§58–61) *But Phrastor recovered and married a citizen woman, demonstrating (according to Apollodoros) that he had only acknowledged the boy because he thought he was about to die. When Phrastor tried to introduce the boy into his phratry and genos, the boy was rejected as illegitimate, and Phrastor was unable to swear that the boy's mother was a citizen.*

58

ὡς γὰρ ἀνέστη τάχιστα: "as soon as possible when he recovered," "the minute he recovered" (G. 633.f). ἀνέστη < ἀνα-ἵστημι

Notes

ἀνέλαβεν αὑτόν: "regained his strength" (LSJ ἀναλαμβάνω II.3)

ἐπιεικῶς: adverbial form of ἐπιεικής; ἔχω + ἐπιεικῶς: "to be capable," i.e., "to be well"

ὥστε: introducing an independent sentence, ὥστε has the force of οὖν (G. 639, S. 2274a).

τἀκόλουθ' = τὰ ἀκόλουθα, "the sequel," "what followed"

59

Βρυτίδας: Phrastor's γένος, the Brytidai

ἥτις < ὅστις: here, the indirect interrogative pronoun

ἀποψηφίζονται: "voted against," "rejected" (+ gen.)

ἐνέγραφον: i.e., inscribe him on the register of the members of the γένος

60

λαχόντος...δίκην: Carey thinks this is a δίκη βλάβης (suit for damages) for not admitting the boy (Carey 1992: 117); Kapparis thinks it is a δίκη similar to suits appealing rejection from demes (1999: 288–89)

προκαλοῦνται: "Ostensibly the purpose of the challenge is to avoid litigation or to obtain fresh evidence. In reality challenges are usually issued in the confident expectation that the opponent will decline; since challenges can be introduced as evidence at the trial, the effect is to give the challenger a moral advantage in court" (Carey 1992: 117).

διαιτητῇ: here, a public arbitrator

ὀμόσαι: see §3.

καθ' ἱερῶν τελείων: i.e., to swear by sacrifices of perfect (unblemished) animals

ἦ μήν: "surely, absolutely"; introduces indirect statement after a verb of swearing

ἐγγυητῆς < ἐγγυητός

οὐκ ὤμοσεν: Patteson suggests that maybe Phrastor refused to swear because he was thinking ahead to possible remarriage (and therefore didn't mind giving up his claim that the boy was legitimate); she also argues that, since

Phrastor didn't swear, the arbitrator must have ruled (almost by default) in the favor of the γένος (1978: 95–96). Kapparis, by contrast, argues that Phrastor refused to swear because "the oath would surely be phrased in a manner which served the purposes of the challenger": for example, Phrastor might have been challenged to swear that the child was born to a citizen woman who was *not* Phano. However, because the γεννηταί would have been unable to prove that the boy was not legitimate without either solid evidence or the acceptance of a challenge, Kapparis thinks that the γένος lost the arbitration (1999: 290–91). Kapparis' theory is possible, but we are given no indication in the text that the substance of the challenge is not precisely what Apollodoros gives us in this paragraph (namely that the child was Phrastor's son from a citizen woman legally married to him).

61

Κεφαλῆθεν: of the deme Kephale

κωλύειν εἰσάγειν: Kapparis 1999: 293 finds this ambiguous, saying that it means only "to produce obstacles to the introduction," without stating whether the introduction succeeded in the end.

(§62–65) *Apollodoros reiterates that both Stephanos and Phrastor have, by their actions, shown that Neaira is a foreigner. He next tells how Stephanos entrapped a man named Epainetos by catching him in the act of adultery with Phano and then extorting 30 mnae from him.*

62

ἐπιδεικνύω: alternate form of ἐπιδείκνυμι; this verb takes a long series of participles in indirect statement.

καταμεμαρτυρηκότας: they have not technically given testimony (μαρτυρία), but Apollodoros is suggesting that their actions attest to their belief that Neaira is a foreigner.

οὐκ ἐθελήσαντα: οὐκ ἐθέλω means "to refuse."

ἀγωνίσασθαι < ἀγωνίζομαι, "fight it out in court"

ἀποστάντα: "renounced his claim on" + gen.

63

γήμαντα: "after marrying her" < γαμέω. The manuscripts read γήμαντα τε, which would necessitate an awkward pairing of γήμαντα and the ἀποδόντα that follows. One solution, as in our text, has been to move the τε immediately after ἐκβαλόντα; Dilts 2009, by contrast, brackets the entire phrase γήμαντά τε, following a suggestion offered by Diggle.

ἀλλὰ μᾶλλον εὐορκεῖν προελόμενον: "but chose rather to avoid committing perjury" (Murray). προελόμενον < προ-αίρέω

64

Ἐπαίνετον γὰρ τὸν Ἄνδριον: Epainetos from the Greek island of Andros, in the Cyclades; accusative object of ἐπιβουλεύσας below

καταγόμενον: see §23.

65

εἰς ἀγρόν ὡς θύων: this is a pretext for catching him in an isolated place with Neaira's daughter.

λαμβάνει μοιχὸν ἐπί: literally, "catches him (Epainetos) as an adulterer with," i.e., "catches him in the act of adultery with"

εἰς φόβον καταστήσας: "having brought him into (a state of) fear," i.e., having terrified him with threats of punishment. See LSJ καθίστημι II.3.

πράττεται μνᾶς τριάκοντα: if the κύριος of a woman caught her engaged in adultery, he could either kill the adulterer or humiliate him (see further below). Alternatively, the matter could be settled through a financial arrangement, which is what Stephanos tries here. For πράττεται = "exact as payment," see §41 and LSJ πράσσω VI.

ἀφίησιν ὡς: "releases him on the condition that" + fut. ptc.

(§66–68) Epainetos brought a suit for false imprisonment against Stephanos, stating that Phano was not Stephanos' daughter but Neaira's by another man, that Neaira knew of Epainetos' relationship with Phano, and that sleeping with a prostitute (which is essentially what Phano was) was not adultery. Stephanos submitted the matter to arbitration.

66

εἰρχθῆναι (and εἴρξῃ, below) < ἔργω. It was generally illegal for an individual to imprison a free person, but it was allowed (albeit temporarily) if the latter was caught in an act of adultery.

γράψασθαι...εἰρχθῆναι: the first infinitive is governed by κελεύει; the second is governed by γράψασθαι.

δόξῃ: impersonal: "it is decided"

ἀθῷον εἶναι αὐτόν: i.e., the falsely imprisoned man gets off scot-free.

παραδοῦναι αὐτὸν κελεύει τοὺς ἐγγυητάς: sc. ὁ νόμος as the subject of κελεύει; τοὺς ἐγγυητάς is the object of κελεύει; αὐτόν is the object of παραδοῦναι.

τῷ ἑλόντι: although ὁ ἑλών is generally used in legal contexts to refer to the successful prosecutor, here it likely refers to the person who literally seized (< αἱρέω) the adulterer *in flagrante* (see a similar use of the participle in §87). Cf. Kapparis (1999: 66), who argues that in this instance, ὁ ἑλών refers to the successful defendant, explaining that this deviation from the normal meaning of the term has to do with the "peculiarity" of the case, where it was the prosecutor (the alleged adulterer) who faced a greater danger than the defendant (who captured him).

ἄνευ ἐγχειριδίου: this does not mean that the captor cannot punish the adulterer physically, simply that he cannot use a blade. We hear in comedy of anal penetration with a radish and depilation of pubic hair as common (humiliating) punishments for adulterers.

χρῆσθαι: supply as subject the man's captor; supply as object the imprisoned man.

μοιχῷ: dative agreeing with (dat.) understood object of χρῆσθαι

67

χρῆσθαι: here, with sexual sense (+ dat.)

Στέφανου θυγατέρα αὐτὴν εἶναι: αὐτήν is the subject of εἶναι in indirect statement governed by an understood verb of saying; take Στέφανου θυγατέρα predicatively.

μητέρα: subject of συνειδέναι

πλησιάζουσαν: agrees with (an understood) Phano

ἀνηλωκέναι...τρέφειν: supply as subject Epainetos.

ἐπιδημήσειεν: "he visited (Athens)"

τόν τε νόμον: Dilts prints another τόν after τόν τε νόμον, following Hude.

ἐπὶ τούτοις: "in addition" (LSJ ἐπί B.I.e)

Notes

παρεχόμενος: "bringing forward (as supporting evidence)"

ταύτῃσι: Blass restored this old (Ionic) dative feminine plural form, since this appears to be a quotation from a Solonic law (on which see Lysias 10.19 and Plutarch, *Solon* 23.1).

ἐργαστηρίου: literally a workshop, this is a common euphemism for brothel.

καθῶνται < κάθημαι: "sitting in brothels" is a common way of describing prostitutes.

πωλῶνται: "walk up and down (the streets)" < πωλέομαι, an old poetic word not generally seen in classical prose. πωλέομαι makes more sense than the passive of πωλέω, "are sold," since the two groups being discussed are brothel prostitutes and streetwalkers, both of whom were sold.

ἀποπεφασμένως: "openly" (< ἀποφαίνω)

68

δίαιταν...πρὸς τὸν Ἐπαίνετον: "(private) arbitration vis-à-vis Epainetos"; Stephanos did this because he realized he might not win the case for unlawful imprisonment.

ἐπιτρέπει: "referred" the arbitration, see §45 and LSJ ἐπιτρέπω I.A.3.

ἀνελέσθαι < ἀναιρέω; in middle, "rescind" (LSJ ἀναιρέω B.III); take τὸν Ἐπαίνετον as the subject.

(§69–71) *In arbitration, Epainetos withdrew his indictment against Stephanos; the latter dropped his claim on the 30 mnae and got Epainetos to contribute a thousand drachmas toward Phano's future marriage.*

69

ἐπὶ τούτοις: "on these terms"

διαιτητῶν: take as predicate.

εἶχε < ἔχω + infinitive = "to be able to"

εἰς ἔκδοσιν: "for the dowry"

ἠξίου...συμβαλέσθαι: "asked...to make a contribution"

ἀπολωλεκὼς εἴη: "had lost," perfect optative active of ἀπόλλυμι

ἐκδοῦναι < ἐκδίδωμι, the verb related to ἔκδοσις

Against Neaira

70

δίκαιος εἶ: Greek sometimes uses a personal construction ("you are just to") where English uses an impersonal one (e.g., "it is just for you").

ἀγαθόν τι ποιῆσαι αὐτήν: ποιέω can take, as here, a double accusative, of thing done and person to whom it is done.

ἐπαγωγούς: in the sense of being seductive or misleading

δεόμενος < δέω; used as a deponent, can mean "to beg"

ἐκ πονηρῶν πραγμάτων: ἐκ here governs a genitive of origin, specifically "of the Cause, Instrument or Means by which a thing is done" (LSJ III.5).

χιλίας δραχμάς: 1000 drachmas (10 mnae) is less than Stephanos was asking for earlier as ransom (i.e., 30 mnae).

εἰσενεγκεῖν < εἰσφέρω

71

ὅτ' = ὅτε

γράψασθαι: the implicit subject here is Epainetos.

διαλλαγαί: Dilts 2009 marks this passage as spurious, following Westermann.

Φανώ: here, accusative

(§72–74) Stephanos then ingratiated himself with a man named Theogenes, who had been selected as βασιλεύς (king archon), and married Phano to him. As the wife of the βασιλεύς, Phano performed special rites on behalf of the city. Apollodoros explains that when Athens was a monarchy the king's wife performed the most holy sacrifices.

72

τήν...ἐγνωσμένην ξένην εἶναι: "this woman who was acknowledged to be an alien...." The accusative is picked by αὐτήν a couple of lines down and treated as the subject of εἶναι ἀστήν in indirect statement.

τοσοῦτον: as often, takes a genitive of measure ("such a pitch/degree of...") (G. 507.c, S. 1325)

μὴ ἀγαπᾶν εἰ ἔφασκον: "to not be satisfied if they claimed that," i.e., "to not be content with claiming that"

κατιδόντες < κατεῖδον

Κοιρωνίδην: "of the genos Koironidai." This is actually a correction of the MSS, which read Κοθωκίδην, referring to the deme Kothokidai, but we learn that Theogenes' deme is Erchia in §84, so the manuscript reading must be corrupt.

βασιλέα: the βασιλεύς was one of the three main archons or magistrates (along with the eponymous archon and polemarch) selected by lot for one-year terms. The duties of the βασιλεύς were primarily religious in nature (overseeing festivals, sacrifices, sacred land, and trials pertaining to religious matters).

δοκιμαζομένῳ: "The help referred to here [συμπαραγενόμενος] could consist of general advice on the *dokimasia* process, including details such as the choice and presentation of witnesses, appearance as witness or (if an objection was lodged) assistance with the presentation of the case" (Carey 1992: 122).

συνευπορήσας < συνευπορέω; the participle modifies Στέφανος οὑτοσί, below.

ἀναλωμάτων: i.e., the costs the βασιλεύς incurred in purchasing new clothing appropriate for his office, and furniture or other equipment necessary for his religious duties. (Note that Stephanos, earlier presented as a poor man with only an οἰκίδιον, is now portrayed as rich, since in this instance it helps Apollodoros' case.)

εἰσῄει < εἰσ-εῖμι; the subject is Theogenes.

ὑπελθών < ὑπέρχομαι, "getting into his good graces"

τὴν ἀρχήν: "a magistracy," namely the post of πάρεδρος

πάρεδρος: each of the three major archons had two πάρεδροι or assistants, whom they selected for themselves, and who themselves had to undergo a δοκιμασία. In none of our sources are the exact duties of πάρεδροι spelled out.

73

ἔθυε τὰ ἄρρητα ἱερά: "made the secret sacrificial offerings," part of the Anthesteria, a festival held in honor of Dionysos on the 11th, 12th, and 13th of Anthesterion (February/March). The first day of the festival was called the Pithoigia, on which wine jars were opened; the second day was the Choes, a day of drinking and revelry; and the third was the Chytroi, which commemorated the dead. Most likely the sacrifices being referred to here are those on the second day, the Choes; however, it is possible Apollodoros is condensing events that actually took place over the entire festival.

προσῆκεν: impersonal use, with accusative person + infinitive

οὖσα: concessive circumstantial participle

ἀλλ' ἤ: "except"

ἡ τοῦ βασιλέως γυνή: the wife of the βασιλεύς played a special role in the religious life of the city, including being "married off" to Dionysos in a special ceremony; this was a way of ritually incorporating Dionysos (who comes from afar) into the city.

ἐξώρκωσεν < ἐξορκόω, "administered the oath to"

γεραράς: literally, "the revered women," a term used for priestesses of Dionysos selected by the βασιλεύς for a one-year term.

ὑπηρετούσας < ὑπηρετέω (+ dat.); governs ἱεροῖς, "rites, sacrifices"

γυνή: take as predicate.

τά πάτρια: "ancestral customs"

οἷόν τ' ἐστίν: οἷός τ' εἰμί is an idiomatic way of saying "to be able"; here it is impersonal: "it is possible" (+ dat. of person).

πῶς ποιῆσαί γε τῇ ἐπιτυχούσῃ εὐσεβῶς ἔχει: "how is it pious for any chance person to do." The direct object of ποιῆσαι is the preceding clause. ἐπιτυχούσῃ < ἐπιτυγχάνω: as a substantive participle, often has the sense of "any chance person"

ἄλλως τε καί: "especially"

74

ἀκριβέστερον: comparative adverb

καθ' ἕκαστον: "each at a time," i.e., "one by one"

τιμωρίας: gen. object of ἐπιμέλειαν

οἴσετε < φέρω, + ψῆφον, "to give a vote"

τῆς...εὐλαβείας: genitive governed by an implied ὑπέρ

ἠσεβημένων < ἀσεβέω; participle here in neuter

τό...ἀρχαῖον: adverbial accusative

δυναστεία: Apollodoros simplifies the development of Athenian monarchy (from the kings to the βασιλεύς archon) by compressing it into two stages.

Notes

ἀεί: "at any given time" (see §46)

ὑπερεχόντων < ὑπερέχω: as substantive, has the sense of "the powerful, those having authority"; here, genitive of possession

αὐτόχθονας: the Athenians defined themselves as native inhabitants of their land, literally sprung from the earth of Attica (i.e., "autochthonous").

(§75–77) *After Theseus united the people of Attica, the people passed a law that the king had to select a wife who was both a citizen and a virgin.*

75

ἐπειδὴ δὲ Θησεὺς συνῴκισεν: according to myth, the hero Theseus united the towns of Attica into one polis (this is called the "synoecism" of Attica, from συνοικίζω).

οὐδὲν ἧττον: "no less," i.e., "nonetheless"

ᾑρεῖτο < αἱρέω: note the middle voice. What is being referred to here—choosing from a list of pre-selected men—is a sort of double election. Whether Apollodoros is correct is a point of debate (see, e.g., Kapparis 1999: 334–35); either way, by the fourth century, the archons were selected by double sortition (that is, by lots, rather than by vote).

χειροτονῶν < χειροτονέω

τὴν δὲ γυναῖκα αὐτοῦ νόμον ἔθεντο ἀστὴν εἶναι: "they established a law that his wife should be a citizen," i.e., of Athenian birth

ἐπιμεμειγμένην < ἐπιμείγνυμι: here with a sexual sense

γαμεῖν: supply as subject the βασιλεύς

νομιζόμενα < νομίζω, frequently in passive, "to be customary"; the neuter participle is used to mean "customs, customary rites."

76

ἐν Λίμναις: the location of "the Marshes" isn't clear, but it has been suggested that it was in the Ilissos area south of the Acropolis (Patteson 1978: 107–8; Carey 1992: 124). Kapparis 1999: 336 suggests that it may not be a literal marsh, but is meant to represent the lake where Dionysos arises on earth, coming up from the underworld.

γράμμασιν Ἀττικοῖς: the Athenians switched from the Attic to the Ionic alphabet in 403/2 BCE.

Against Neaira

ἐπιγιγνομένοις < ἐπιγίγνομαι; the substantive is often used for "those coming after," i.e., "posterity."

παρακαταθήκη: take metaphorically here.

τήν γε θεῷ: Dilts 2009 adds the definite article τῷ before θεῷ, following Gernet.

τοιαύτην: take in the predicate position.

ἔστησαν: sc. τὴν στήλην

τοῦ ἐνιαυτοῦ ἑκάστου: genitive of time within which, G. 515.

ἀνοίγεται < ἀνοίγνυμι, "open"

τῇ δωδεκάτῃ τοῦ ἀνθεστηριῶνος: the 12th of the month Anthesterion, that is, the Choes

77

ἐπεμελήθησαν: "have provided for" < ἐπιμελέομαι

ἄξιον: supply a verb like ἐστί both times this adjective appears in this section.

ἠδικημένων: "for their crimes" (see §5, LSJ δίκη IV.3, and S. 1376).

πρόνοιαν ποιῶνται: "to beware, take care"

μηδέν: translate as "at all" or "in any way" (μηδέν does not have a negative force here, but is used because it is in a fear clause).

(§78–80) *Apollodoros has read aloud the oath sworn by the "venerable women," who assist the king archon's wife in performing sacrifices. He then says that after Phano performed these rites, the Areopagos inquired about her status.*

78

ἱεροκήρυκα: an official at the Eleusinian Mysteries chosen from the Kerykes γένος

τὰς γεραράς τάς: Dilts 2009 removes the second τάς, which is unnecessary and had been added in by Reiske. The Gerarai (literally "venerable women") were the fourteen priestesses of Dionysos.

ἐν κανοῖς: "amongst baskets," "as they carry the baskets"; Carey 1992: 125 suggests that the baskets held either offerings for Dionysos, or a knife for slaughtering an animal and barley for sprinkling on the sacrificial animal's head.

τῶν ἱερῶν: τὰ ἱερά = "sacred offerings," "sacred rituals," or in particular "sacrificial victims." The latter meaning is most likely here (see Carey 1992: 63).

ὅρκος γεραρῶν: The oath is probably genuine, but it may or may not be the complete oath.

συνουσίας: here with a sexual sense

τὰ θεοίνια...τὰ ἰοβάκχεια: the Theoinia is a festival in honor of Dionysos celebrated by each γένος; the Iobakcheia is another festival (perhaps celebrated as a private cult ritual) in honor of Dionysos; what it involved is uncertain, but its name comes from "Io Bakche," which revelers cry out.

γεραρῶ: "I will celebrate" < γεραίρω

κατὰ τὰ πάτρια: "in accordance with ancestral custom," "in the traditional manner"

καθήκουσι < καθήκω, of time, "to be regular, proper"; it is not known what days these were, exactly.

79

τοῦ...πατρίων: genitive governed by ἀκηκόατε (< ἀκούω: here, "hear about, of" [S. 1365]); the verb also looks ahead to the following ὡς and ὅτι clauses.

ὁρώσαις < ὁράω; take as its object τὰ ἱερά.

τὰ ἱερά: "sacred rituals"

δι' ἀπορρήτου γεγενημένην: "given in secret." The adjective ἀπόρρητος literally means "not to be spoken"; the phrase means "in secret" (the same with ἐν ἀπορρήτῳ, below).

αὐτοῖς τοῖς πεπραγμένοις: dative of means or instrument

οὖσαν: participle in indirect statement; the subject is αὐτήν (i.e. the testimony).

80

τὰ ἱερά: "sacred rituals"

Ἄρειον πάγον: the Areopagos ("Hill of Ares"), located northwest of the Acropolis in Athens.

ἡ βουλὴ ἡ ἐν Ἀρείῳ: the Areopagos council. It was made up of former archons, who served on the council for life. In the earliest days of Athens, the Areopagos served as council to the king; its powers were greatly reduced over time, and by the classical period its jurisdiction was limited to murder, premeditated wounding, arson, poisoning, and destruction of the sacred olive trees. Patteson (1978: 111–12) suggests that the council was reporting on the most recent Anthesteria; although reports on the conduct of festivals were normally presented to the Assembly, rather than the Areopagos, it could be there wasn't an assembly devoted to the Anthesteria (1978: 111–12), and/or that that the antiquity of the Anthesteria might have placed it under the Areopagos' jurisdiction (Carey 1992: 126). Kapparis 1999: 349 suggests instead that the council was simply acting in its capacity to conduct certain kinds of investigations into religious matters.

τἄλλα: "in other respects"

ἐζήτει: "investigated" (impf.) + acc. and indirect question

ἐξήλεγχεν: "found out the truth" (impf.)

πρόνοιαν ἐποιεῖτο: "gave thought, took care"

ἐζημίου: "was going to assess a fine" < ζημιόω: conative imperfect (see §13 and S. 1895). As emerges later, the fine did not come to pass.

ὅσα κυρία ἐστίν: "insofar as it (the council) is sovereign," i.e., with the stiffest penalty it had the authority to impose

διὰ κοσμιότητος: "with due regard for propriety," so as not to embarrass the parties involved

(§81–84) *The Areopagos proposed to punish Theogenes for marrying a non-citizen, but he begged that they spare him. Theogenes immediately divorced Phano (and removed Stephanos from the board on which he had been serving), thereby earning the forgiveness of the Areopagos.*

81

γενομένων δὲ λόγων: "while the discussions were going on," in the council

ζημιούσης: "were imposing a fine on" + acc.

ὅτι: "because"

εἴασε: "permitted" < ἐάω

ᾔδει < οἶδα

Notes

διοικήσῃ τὴν ἀρχήν: "administer his office," "run his magistracy"

82

ὄντων: 3rd person plural present active imperative of εἰμί. ὄντων is Rennie's emendation of ἔστωσαν, the form found in the manuscripts. However, since ἔστωσαν is an accepted variant of ὄντων, Rennie's emendation is probably not necessary.

πιστοὶ ὑμῖν ὄντων οἱ λόγοι: "let the statements be trustworthy to you," i.e., be accepted as true by you. ὄντων is 3rd person pres. imperative < εἰμί.

83

ὑποσχομένου < ὑπισχνέομαι, "to promise"

τὴν ἀκακίαν τοῦ τρόπου: "innocence of character," "naiveté"

ἐπέσχεν: "refrained from action" < ἐπέχω (aor. ἐπέσχον)

συνεδρίου: this is a general word for council; here it refers to the archon and his two assessors.

συγγνώμην εἶχον: "showed lenience"

(§85–125): *The proofs (πίστεις) section of the speech*

(§85–87) *Not only should Phano not have performed the sacred duties of the king archon's wife, she should not have participated in any of the city's rites, since adulteresses are banned from entering all public temples. Apollodoros has the law on adultery read aloud.*

85

λαβὲ δή μοι...καὶ ἀνάγνωθι: "please take...and read aloud...." Imperatives addressed to the court clerk. μοι is an ethical dative (see §25, G. 523a, S.1486).

ἀπέχεσθαι: governs a series of genitives: τῶν ἱερῶν τούτων; the articular infinitives τοῦ ὁρᾶν καὶ θύειν καὶ ποιεῖν; and τῶν...ἁπάντων. Being banned from the religious life of the city was akin to disenfranchisement (ἀτιμία) for a woman.

τι τῶν νομιζομένων...πατρίων: "any of the ancestral rites"

τῶν ἄλλων: other religious rites

Ἀθήνησιν: locative (see §35)

μοιχός: of course, earlier Apollodoros said that the affair with Epainetos was not really μοιχεία since Phano was not a legitimate citizen; here, it serves his purposes to say that it was.

γυναικί: take first in the sentence; dative with οὐκ ἔξεστιν, picked up again with αὐτῇ

ἱερῶν τῶν δημοτελῶν: here, most likely public "temples," rather than "sacred rites" (cf. the use of ἱερῶν earlier in this paragraph)

ἐλθεῖν ἐξουσίαν ἔδοσαν: most editors (including Dilts 2009) delete ἐλθεῖν, which likely erroneously repeats the preceding ἐλθεῖν; the sense of ἐξουσίαν ἔδοσαν is completed by εἰσιέναι.

θεασομένην...ἱκετεύσουσαν: note the future tense of these participles: "whether to view the spectacle or to offer prayer" (Murray)

86

μόναις: this is not strictly speaking true, since murderers were also barred from participating in the city's religious activities.

ἀπαγορεύουσιν: verbs of hindering take a infinitive, often with the redundant (untranslated) μή (G. 572, S. 2038).

τιμωρίαν ὑπέρ: "vengeance upon/against"

ἐποίησεν: introduces an indirect statement (accusative subject + infinitive)

τἄλλα: accusative of respect, to be taken closely with ὑβρισθεῖσαν; looks back to πλὴν θανάτου, that is, "things other than death"

ὑβρισθεῖσαν αὐτὴν μηδαμοῦ λαβεῖν δίκην: "that she, having been mistreated, may seek redress nowhere," i.e., before no court or tribunal. μηδαμοῦ is an adverb.

τοῖς ἱεροῖς: "holy places," "sanctuaries," "temples" (LSJ III.2)

τοῦ σωφρονεῖν: articular infinitive expressing purpose (G. 576), "so that they might have self-control"

διδάσκων: νόμος is the antecedent

ἄν = ἐάν

Notes

87

εἴσεσθε < οἶδα

ἔλῃ: supply as subject τις.

(§88–90) *Apollodoros explains the steps by which Athenians grant the exceptional honor of citizenship.*

88

ἐξόν < ἔξεστι; accusative absolute (see §13)

δῶρον: take this word, along with its modifiers (καλὸν καὶ σεμνόν), as the predicate.

τὸ Ἀθηναῖον γενέσθαι: articular infinitive: "to become Athenian" means "to become a naturalized Athenian citizen."

ποιεῖσθαι < ποιέομαι (middle of ποιέω), which often means "to adopt"; in a transferred sense it can mean to "adopt" someone into one's polis, i.e., naturalize them.

πολίτην: take as the predicate; the object of ποιεῖσθαι is an understood τινά.

89

ὅμως: some scholars think that there is a lacuna preceding ὅμως (proposing that something like "even though you know these laws…" has fallen out); others use the emendation ὑμεῖς δ' ἀκούσαντες αὐτῶν βέλτιον εἴσεσθε (as does Dilts 2009).

αὐτῶν: genitive object of ἀκούοντες

βελτίους = βελτίονες (comparative of ἀγαθός)

βελτίους ἔσεσθε: it has been pointed out that this is a patronizing way of speaking to the jury (Carey 1992: 130); Kapparis 1999: 88 therefore suggests emending the text to βέλτιον εἴσεσθε.

τὰ κάλλιστα καὶ τὰ σεμνότατα δῶρα: take as the object of λελυμασμένοι εἰσίν.

πόλιν: object of εὐεργετοῦσι. Euergetism, doing good services for the polis of Athens, was something that was highly encouraged and rewarded in kind.

λελυμασμένοι εἰσίν: perfect middle < λυμαίνω ("soil, dishonor, outrage, offend"), periphrastic as usual for 3 pl. pf. mid.-pass. (see §48 and S. 408); the

Against Neaira

subject is Stephanos and others of his ilk.

ἀνδραγαθίαν εἰς: "good services to," see §73; ἀνδραγαθία, literally "the quality of being a good man," was the defining virtue that qualified one for naturalization.

κυρίαν: "valid"

ἐπιοῦσαν < ἐπιειμί; that is, the next Assembly meeting

ὑπερεξακισχίλιοι: over 6,000: the typical number required for quorum.

ψηφίσωνται: this is the *second* vote to ratify the grant of citizenship; the first took place at the previous Assembly meeting. The additional requirement of a second vote is hard to date precisely.

κρύβδην: the use of secret ballots and urns (see below) is more typical of the courts than the Assembly.

90

γέρρα: these are likely movable wicker fences. A plausible suggestion (Hansen 1984: 241–47) is that they were temporary barriers set up to monitor access to the Pnyx. Only citizens were let through at first, so that they could vote; after the vote, the barriers were taken down and non-citizens (and other spectators) could come through to witness the proceedings.

κύριος ὢν αὐτὸς αὑτοῦ: "being himself master of himself," i.e., independent and free from any pressure brought by non-citizens

σκοπῆται πρὸς αὑτόν: the prepositional phrase, to be taken closely with the verb, intensifies the idea of introspection.

λήψεσθαι: deponent future of λαμβάνω: supply as its object δωρεάν (that is, the gift of citizenship).

παρανόμων γραφήν: "an indictment for illegality," see §5.

ἐποίησε: "(the law) made it possible (to bring)"

κατ' αὐτοῦ: i.e., against the candidate for citizenship. Technically, however, the γραφή is brought not against him but against the man who proposed that said person be given citizenship.

ἔστιν: note the accent: here with its sense of "it is possible"; it can take a dative or (as here) accusative of person for whom something is possible, plus infinitive.

Notes

(§91–93) *It has happened in the past that an indictment for illegality has resulted in a recipient being stripped of his citizenship. The law also forbids all naturalized citizens from becoming one of the nine archons or holding priesthoods. Apollodoros says that he will next explain how the law of naturalization came about.*

91

τῶν αἰτούντων: that is, the Athenians asking that someone be made a citizen

συνέβη < συμβαίνω: used impersonally; here takes an accusative + infinitive construction

ἀφείλετο τὸ δικαστήριον: τὸ δικαστήριον is the subject; the implied object is the grant of citizenship.

ἔργον: supply ἐστί: "it is [or would be] a lot of work to..."

Πειθόλαν...τὸν Θετταλόν: Peitholaos was the son of Jason, tyrant of Pherai in Thessaly (a region in central Greece).

Ἀπολλωνίδην τὸν Ὀλύνθιον: Apollonides was the leader of the anti-Macedonian party in Olynthos.

92

κειμένων: "established"

πολιτείας: "citizenship"

ἐφ' ἅπασι τούτοις: "in addition to all these [laws]"

κυριώτατος: "of greatest authority"

ὥστε...θύεσθαι: result clause after the idea of caution implied by πρόνοιαν ἐποιεῖτο (S. 2239)

ἐξεῖναι αὐτοῖς: "that it should be possible for them," i.e., "that they be eligible"

ἱερωσύνης μηδεμιᾶς: this seems to contradict what is said in §104 (the decree granting the Plataians citizenship), where only access to hereditary priesthoods is restricted. It may be that a ban on all priesthoods for naturalized citizens was enacted later than the Plataians' decree, or it may be that Apollodoros is simply exaggerating here.

τοῖς ἐκ τούτων: i.e., to their descendants

προσέθηκεν: "added the proviso"

93

πόρρωθεν προδιηγήσασθαι: "to explain in addition from long ago," i.e., to explain the origins of, discuss the history of. πόρρωθεν = πρόσωθεν, "from long ago"

πρὸς οὓς διωρίσθη: "to whom it was applied." διωρίσθη < διορίζω, "define, delimit." The type of men is specified in the next phrase.

τούτων: "these things," i.e., the historical discussion about to begin

ἀπόθετον: "reserved for" + dat.

ὅσων...ἀγαθῶν: neuter ("good things," that is, "privileges"); genitive governed by κυρίους (itself to be taken in predicate position vis-à-vis ὑμᾶς)

ὑμᾶς...κωλύουσι κυρίους: "are preventing you from being in charge of," i.e., are removing from your control.

τούτῳ: dative governed by αὐτόν ("same to/as").

§94–106: *Digression on the Plataians. The aim of this section is to contrast the worthy grant of citizenship to the Plataians, who risked their lives on behalf of the Athenians, with the usurpation of citizen rights by those who didn't deserve them. In this section, Apollodoros draws heavily on Thucydides* (History of the Peloponnesian War 2.2–6) *with occasional deviations, most of which serve either to condense the narrative or to paint the Plataians in a flattering light. For a detailed account of how Apollodoros' account is both similar to and different from Thucydides', see Kapparis 1999 ad loc. 94–103.*

(§94–97) *The Plataians helped the Athenians during the Persian Wars at the Battle of Marathon, and assisted both the Athenians and the Spartans when Xerxes invaded Greece ten years later. The Spartan king Pausanias, however, inscribed a monument to Apollo in which he took sole credit for the Greeks' victories at Salamis and Plataia.*

94

Πλαταιῆς = Πλαταιεῖς, "the men of Plataea," a city in Boiotia, near Thebes

Μαραθωνάδε: "to Marathon." Marathon is a city 26 miles north of Athens. The Battle of Marathon took place in 490 BCE, where the Athenians (with the help of the Plataians) defeated the Persians and drove them from Greece (at least until the Persian king Xerxes invaded in 480). The name was later borrowed by the founders of the modern Olympics for the well-known footrace, drawing on a mythologized version of these events.

Notes

Ἐρετρίας: Eretria is a city in Euboia. Along with Athens, it was targeted by the Persian king Darius because these two cities had given aid to the Ionian Greek cities of Asia Minor when they (unsuccessfully) revolted in 499 BCE.

ἐβοήθησαν: "came to your aid" < βοηθέω

Δαρείου: King Darius I, a.k.a. Darius the Great

Εὔβοιαν ὑφ' ἑαυτῷ ποιησάμενος: "having put Euboia under him," i.e. subjugating Euboia

ἀπέβη εἰς τὴν χώραν: "disembarked (from his ships) into (our) territory," i.e., Attica, after crossing the strait from Euboia. ἀπέβη < ἀπο-βαίνω

δυνάμει < δύναμις: "forces for war," i.e., army (LSJ I.3). According to Herodotus 6.95, the fleet sent by Darius consisted of 600 triremes.

ἐπόρθει: "began to plunder" < πορθέω; inchoative imperfect, denoting the beginning of an action (S. 1900)

αὐτῶν: the Plataians

τῇ ποικίλῃ στοᾷ: the Stoa Pokile, or Painted Stoa, was built in the first half of the fifth century in the north part of the Agora.

γραφή: "picture," "painting," in this case one of the large wall frescoes that gave the Painted Stoa its name

δεδήλωκεν: "shows, depicts," pf. with present meaning marking an enduring result (S. 1946)

ὡς ἕκαστος...τάχους εἶχεν: "as much as each man abounded in speed," i.e., as fast as each man could go, at full speed; ἔχω + gen.: "to be well off for, abound in" (LSJ B.II.2.b)

γέγραπται < γράφω: the subject is (the understood) ἕκαστος.

οἱ...ἔχοντες: if the text is secure (a disputed point), this must stand in apposition to ἕκαστος.

τὰς κυνᾶς τὰς Βοιωτίας: the distinctive Boiotian helmet was lightweight and allowed for good visibility.

95

Ξέρξου ἰόντος ἐπὶ τὴν Ἑλλάδα: Xerxes, king of Persia, was the son of Darius I. He invaded Greece in 480 BCE.

Against Neaira

μηδισάντων < μηδίζω: i.e., going over to the Persian side

ἐτόλησαν: supply as subject the Plataians.

Λεωνίδου: Leonidas was a famous Spartan general.

Θερμοπύλαις: the Battle of Thermopylai took place in 480 BCE. While it saw a Persian victory, the Greeks (led by Leonidas) performed remarkably well. Apollodoros may be making up the Plataians' involvement in the battle; at any rate, Herodotus does not mention their participation (Hdt. 7.202, 222).

τῷ βαρβάρῳ ἐπιόντι: dative governed by παραταξάμενοι, "drawn up against"

οἰκεῖα: "their own, belonging to them"

ὑπῆρχεν < ὑπάρχω, "to exist"

Ἀρτεμισίῳ: the Battle of Artemision was a series of naval engagements fought in 480 BCE.

Σαλαμῖνι: the Battle of Salamis, fought in 480 BCE, saw a decisive victory for the Greeks. According to Herodotus, the Plataians did not participate in this battle (Hdt. 8.44.1).

96

τὴν τελευταίαν μάχην Πλαταιᾶσι: the Battle of Plataia (479 BCE) was another Greek victory. Πλαταιᾶσι = "at Plataia," locative (S. 341)

κατέθηκαν...εἰς κοινόν: "deposited for public use," as if the Plataians had won the victory as a gift to all the other Greeks. In fact, the Spartans had a key role, including overall command under Pausanias. According to Herodotus 9.28-29, the Athenians sent 8,000 hoplites, led by Aristides, along with 600 Plataian exiles.

Παυσανίας ὁ Λακεδαιμονίων βασιλεύς: in fact, he was regent of Leonidas' son, who was too young to be king.

ὑβρίζειν ἐνεχείρει: "set out to insult," referring to the events described in the next section. ἐνεχείρει < ἐγχειρέω

οὐκ ἠγάπα: "was not content"

ἠξιώθησαν: "were considered worthy of," i.e., "were given"

ἡγεμονίας: "supreme command," genitive governed by ἠξιώθησαν

ἡ πόλις: Athens

Notes

τῇ...ἀληθείᾳ: "in truth"

ἡγεῖτο: "led," esp. at the crucial naval battles of Artemision and Salamis. ἡγέομαι = "to be leader for someone (+ dat.) in something (+ gen.)"

φιλοτιμίᾳ: dative of respect, "in ambition," i.e., in asserting leadership at the Battle of Plataia

Λακεδαιμονίοις: dative governed by ἠναντιοῦτο < ἐναντιόομαι; the subject of ἠναντιοῦτο is Athens

ἵνα μὴ φθονηθῶσιν: "so that they (the Athenians) would not become the objects of ill-will." Athenian self-restraint is juxtaposed with the arrogance of the Spartan Pausanias. φθονηθῶσιν < φθονέω, aor. pass. subj. 3 pl.

97

ἐφ' οἷς: that is, the honors accorded to the Spartans

φυσηθείς < φυσάω

ἀριστεῖον: take as predicate

ἀπὸ τῶν βαρβάρων: i.e., from the spoils of the barbarians

ὤλεσε < ὄλλυμι

Φοίβῳ: i.e., Apollo

ὡς...ὄντος: ὡς + ptc. = "as if" (LSJ C.I.1)

αὐτοῦ: reflexive pronoun, possessive genitive; note the predicate position.

(§98–100) *On behalf of the rest of the Greeks, the Plataians brought a suit against the Spartans, incurring Sparta's wrath. Fifty years later, a Spartan king attempted to seize Plataia through the assistance of the Thebans, but the Athenians sent aid and the Thebans retreated.*

98

λαγχάνουσι δίκην: despite what is said here, it is unlikely the Plataians actually brought a lawsuit against the Spartans.

Ἀμφικτύονας: the council of the Greek Amphictyonic League, a league of Greek states

χιλίων ταλάντων: genitive of penalty

αὐτοῖς: i.e., the Plataians

ἐν τῷ παρόντι: "at the present time" (that is, contemporaneously with the events just mentioned). παρόντι < παρα-εἰμί

εἶχον αὐτοῖς ὅ τι χρήσωνται: "did not have a way of dealing with them [i.e., the Plataians]." αὐτοῖς is to be taken proleptically, that is, as the object of the subordinate clause despite its placement in the main clause (S. 2182).

ὡς πεντήκοντα: ὡς + a numeral (*vel sim.*) can mean "about, nearly." See §51.

καταλαβεῖν: "occupy, sieze"

99

ἔπραξε: Archidamas is the subject. These events, highly condensed here, represent the beginning of the Peloponnesian War. See Thucydides 2.1–6.

δι': "through," in the sense of "through the agency of"

βοιωταρχοῦντος: being Boiotarch, a chief officer of the Boiotian confederacy (there were seven in total)

ἀνοιξάντων < ἀνοίγνυμι

τῆς νυκτός: genitive of time during which

χρήμασι: "bribes"

ἐξαπίνης = ἐξαπίνας, "suddenly"

κατειλημμένην < καταλαμβάνω

πρώτους: "first ranks"

εἰσεληλυθότας < εἰς + ἔρχομαι

ὕδωρ: that is, rainwater

ὁ...Ἀσωπὸς ποταμός: The Asopos is a river of Boiotia and northern Attica.

ἐρρύη < ῥέω

διαβῆναι < δια-βαίνω

ἄλλως τε καὶ νυκτός: "especially at night"

Notes

100

ὡς: temporal conjunction, "when"

φθάνουσιν: φθάνω takes a supplementary participle (here, ἀπολέσαντες < ἀπόλλυμι) (G. 585, S. 2096).

ὡς ὑμᾶς: ὡς as preposition: "to you"

ἀξιοῦντες: understand ὑμᾶς as the object of this participle

ἄν = ἐάν

δῃῶσιν < δῃόω: ravage, plunder

(§101–103) *The Spartans responded by marching against Plataia, recruiting troops from a number of other Greek city-states. After the Spartans failed to get the Plataians to abandon their alliance with Athens, they besieged and ultimately captured Plataia. Some Plataians managed to flee to Athens, but those who remained were either killed or enslaved.*

101

ἀπέτυχον: "failed in" + gen. < ἀποτυγχάνω

οἱ Λακεδαιμόνιοι…ἤδη στρατεύουσιν: actually, they made their campaign two years later.

ἀπροφασίστως ἤδη: "now without a pretext," implying that this had been their intent from the start

Πελοποννησίοις…ἅπασι: dative governed by ἐπιτάξαντες, "ordering"

τὰ δύο μέρη: i.e., two thirds

Λοκροῖς: the Lokrians were a Greek tribe divided between East (Opuntian) and West (Ozolian) Lokris.

Φωκεῦσι: that is, those from the region of Phokis

Μαλιεῦσι καὶ Οἰταίοις καὶ Αἰνιᾶσιν: these were all Greek tribes. Kapparis 1999: 394: "The land of the Malians occupied the area north of Thermopylai at the side of Spercheios down to the sea. The Oeteans lived at the spurs of Oite south of Spercheios towards Atalante, and the Aenianes along Othrys at the upper side of Spercheios."

102

ἐπηγγέλλοντο: "promised," "offered"

ἔχειν καὶ καρποῦσθαι...ἀφίστασθαι δέ: "would keep and harvest...but (must) abandon." Supply the Plataians as subject.

δύο ἔτη: accusative of duration of time. The manuscripts read δέκα ἔτη, but Thucydides says that the Plataians surrendered after a siege of two years (in 427 BCE), not ten.

103

ἀπειρήκεσαν < ἀπεῖπον, "give up," with the sense of "be worn out" (LSJ IV.3)

διακληρωσάμενοι: Thucydides 3.20.1–2 says that the plan was for everyone to leave, but that some men, out of fear, decided to stay.

οἱ μέν...οἱ δέ: "some...others"

τηρήσαντες: "watching and waiting for" < τηρέω

ὕδωρ: "rain"

ἀπεσφάγησαν aor. pass. 3 pl. < ἀποσφάζω, "had their throats cut"

οἱ ἡβῶντες: "the adult males"

ὅσοι μή: "as many as did not," i.e., except for those who

(§104–106) *The Athenians gave citizenship to the surviving Plataians for their loyalty to Athens, requiring that each Plataian be examined for eligibility and that the names of those given citizenship be inscribed and displayed prominently. These naturalized citizens were restricted from serving as archons or holding priesthoods.*

104

προεμένοις < προ-ίημι

μετέδοτε τῆς πολιτείας: "to give a share of citizen rights," with τῆς πολιτείας being a partitive genitive; cf. Thucydides, who says that the Plataians received citizenship before 427. Carey 1992: 139 suggests there were two grants, an earlier honorary one to reward the Plataians for their service at Marathon, and a second practical one after they were forced to flee Plataia.

Notes

ἱερῶν καὶ ὁσίων: a common idiom, roughly meaning "sacred and secular" (LSJ ἱερός II.2); on the relationship between ἱερά and ὅσια in Athens, see Connor 1988.

πλήν: Carey 1992: 140 thinks that something is missing before πλήν, possibly along the lines of "but not the priesthoods," with εἴ τις ἱερωσύνη ἢ τελετή ἐστιν ἐκ γένους referring to any hereditary priesthoods they had back in Plataia. Kapparis does not believe that anything is missing, arguing that εἴ τις ἱερωσύνη refers to priesthoods in Athens from which they would be barred by virtue of not belonging to a γένος (Kapparis 1999: 395–96). The only difficulty with this interpretation is reconciling it with §106, where Apollodoros says the Plataians were banned from *all* priesthoods, but as Kapparis suggests, that might be an exaggeration.

τελετή: here, "sacred office"

τοῖς δ' ἐκ τούτων: that is, their descendants can be one of the nine archons. We don't see here the detail we find in §92 (and §106), namely that their mother must be a citizen married to their father, but that must be understood. The δέ here appears to be strongly adversative (S. 2835).

Ἀθηναίῳ: take as predicate

μὴ εὑρομένῳ: "unless he receives it." This participle has conditional force, as indicated by the use of μή instead of οὐ. For εὑρίσκω = "get, gain," see LSJ IV.

105

ἠξίωσε: "required that," followed by the accusative and infinitive construction after a verb of commanding (S. 1465)

δοκιμασθῆναι ἐν τῷ δικαστηρίῳ: this is in a sense parallel to the scrutiny that natural-born citizens underwent when they turned 18.

τῶν φίλων: partitive genitive; that is, "(one) of the friends"

ἔπειτα: what follows is a continuation of the lengthy indirect command (πρῶτον μέν...ἔπειτα) initiated by ἠξίωσε.

παρὰ τῇ θεῷ: that is, by the temple of the goddess Athena: namely, the Parthenon

ᾗ ἐξελέγξαι ὅτου ἂν ἕκαστος ᾖ συγγενής: "so that it might be possible to prove of whom each man is a relative," i.e., so people in the future could prove their citizen status by showing kinship to one of the original Plataian grantees.

Against Neaira

106

ὕστερον: "at a later period," "subsequently"; take with γίγνεσθαι. The word is emphatically placed, and in antithesis with νῦν.

οὐκ ἐᾷ γίγνεσθαι Ἀθηναῖον ἐξεῖναι: "was not allowing it to be possible…" i.e., made it impossible. The subject of ἐᾷ is the framer of the decree mentioned in 105. ἐᾷ governs the impersonal ἐξεῖναι, which in turn governs γίγνεσθαι; take Ἀθηναῖον as the predicate, agreeing with an understood τινά.

τοῦ….κατασκευάζειν: genitive articular infinitive of purpose (see §57, G. 576, S. 2032e).

τὸν νόμον διωρίσατο: "defined the law," i.e., added a qualifying proviso, described in the next clause

πρὸς αὐτούς: "regarding them," "applicable to them," the Plataians

καὶ μὴ ἐξεῖναι: Dilts 2009 brackets the καί, following Sauppe

λαχεῖν: "to be chosen by lot as one of"

τοῖς δ' ἐκ τούτων: "but (it is permitted) to their descendants" (see §104)

ἐξ ἀστῆς γυναικὸς καὶ ἐγγυητῆς κατὰ τὸν νόμον: this stipulation is not in the decree that Apollodoros has just quoted, though it is mentioned in §92. Perhaps the law is later.

(§107–109) *Given that even the Plataians were rigorously scrutinized, it would be terrible to let someone like Neaira go unpunished.*

107

οὔκουν δεινόν: "is it, then, not an outrageous thing?" signalling the expected pivot to Neaira's case

ἐφ' οἷς: "on what terms"

τὴν δέ: "but this woman," emphatic, object of ἐάσετε below ("let go unpunished")

πεπορνευμένην: "has prostituted herself" (mid.-pass.). Note that here, for the first time, Apollodoros uses a verb related to the noun πόρνη rather than the less insulting ἑταίρα.

ὀλιγώρως: "negligently"; modifies, along with αἰσχρῶς, the verb ἐάσετε

Notes

οἱ πρόγονοι: i.e., the ancestors of this woman

ἀστήν: take as a predicate

108

ἐν Θετταλίᾳ…καὶ Μαγνησίᾳ: "in Thessaly and Magnesia"

Λαρισαίου: "of Larissa" (this is the same Simos we learned of in §24)

Μηδείου: "[son] of Medeios"

ἐν Χίῳ…ἐν Ἰωνίᾳ: "on Chios and in Ionia"

Κρητός < Κρής

ὑφ' ἑτέροις: ὑπό = "under the power/control of"

τῷ διδόντι: "the man who gives (money to her)"

τοῖς χρωμένοις: "those who have (intimate) dealings with her," i.e., her sexual partners

εἶτα…ψηφιεῖσθε: "and so, will you really vote?" εἶτα introduces an indignant rhetorical question expecting the answer "of course not!" See LSJ II.

ὑπὸ πάντων: take this with ἐγνωσμένην

περίοδον: accusative following the idea of motion implied by εἰργασμένην (that is, she moved around while working): see Kapparis 1999: 402.

εἰργασμένην: participle in indirect statement initiated by ἐγνωσμένην. The rhetorician and critic Hermogenes of Tarsus (160–230 CE) says that the phrase ἀπὸ τριῶν τρυπημάτων τὴν ἐργασίαν πεποιῆσθαι ("doing the job from three orifices") was obelized (marked as inauthentic) in this speech by some grammarians, presumably for being too obscene (Περὶ ἰδεῶν p. 325, ed. Rabe 1917); in fact, none of our manuscripts include it. Some scholars (e.g., Carey 1992: 141–42) think that this language was too explicit to have been used by Apollodoros; Kapparis 1999: 402–5, citing further evidence for the use of this expression, believes that it is genuine and was found either here (as suggested by Blass) or elsewhere in the speech.

109

διαπεπρᾶχθαι…εἶναι: "that you have done…that you are"; infin. in indirect statement after φήσετε, with the same subject

Against Neaira

ἔνοχοι: "liable to the imputation of/penalty for" (+ dat.); predicate adjective agreeing with understood "you (pl.)"

πάντας: accusative subject of πυθέσθαι

τὰ μὲν ἀδικήματα ταύτης ἦν, ἡ δ' ἀμέλεια τῆς πόλεως: "the misdeeds were this woman's, the city's the negligence," i.e., the misdeeds belonged to this woman (alone), and the city's misdeed was merely negligence. ταύτης… πόλεως: both are possessive genitives.

οἱ μέν…οἱ δέ: "some…others"

τῷ δ' ἔργῳ: "in practice," "practically speaking"

εἶχον ὅ τι χρήσαιντο αὐτῇ: "did not have a way of dealing with her." For this idiom, see §98.

ἔχετε: supply Neaira as object: "have got her in your hands"

(§110–112) Apollodoros asks the jurors how, if they acquitted Neaira, they would explain their decision to their wives, daughters, and mothers.

110

τῷ = τινί, "trying whom?" (dative governed by implied ἐδικάζομεν)

οὐ γάρ: "isn't it?"

μεμοιχευμένην: "who had been corrupted in adultery"

111

οὐκοῦν ἤδη: "no doubt at this point"

ὁμοίως αὐταῖς: "just like them"; take with μετέχειν.

τῶν τῆς πόλεως: "the things of the city," i.e. public affairs (genitive governed by μετέχειν)

ἐπιδείκνυτε ποιεῖν: "you are showing (that they can) do"

ὑμῶν καὶ τῶν νόμων δεδωκότων: genitive absolute

τοῖς ταύτης τρόποις: dative governed by ὁμογνώμονες

δόξετε: "you will seem" + infin.

φέροντες: conditional participle, "if you endure (her conduct)"

Notes

ὁμογνώμονες: predicate after εἶναι

112

ἐλυσιτέλει: the imperfect indicative of impersonal verbs, as here, denotes an unfulfilled obligation or propriety (G. 460, S. 1774).

παντελῶς: Dilts 2009 brackets this word as unnecessary after κομιδῇ, following Schaefer.

οὗ ἂν τύχωσιν: that is, the women say that the children are born to whatever men they (the women) happen upon.

οἱ δὲ τρόποι: "the character"

ὥστε...σκοπεῖτε: with an imperative, ὥστε has the force of καὶ οὕτως (S. 2275).

τοῦ μὴ ἀνεκδότους γένεσθαι: "lest...become unwed," i.e., be unable to find husbands, presumably because the courtesans will have snapped up the eligible bachelors. Genitive articular infinitive of purpose (see §57).

(§113–115) *The jurors should convict Neaira in order to prevent poor citizen women from turning to prostitution, and to prevent prostitutes from exercising the rights of citizens.*

113

ἀπορηθῇ < ἀπορέω

ἱκανὴν προῖκ': Patteson 1978: 113 takes this as the literal dowry provided by the nearest male relative (if he doesn't marry her himself) for an ἐπίκληρος ("heiress") of the poorest class. More likely, however, is the interpretation of Carey 1992: 143 and Kapparis 1999: 407, both of whom think that it is a metaphorical dowry, namely the right to marry an Athenian citizen. As long as the law remains in force, being the daughter of citizens makes one more marriageable, like a dowry.

ἀποφυγούσης < ἀποφεύγω

ἂν ἄδειαν λάβωσι τοῦ ἐξεῖναι: "if they should get permission to be able," i.e., if they are allowed

καί...μετέχειν: "and (at the same time) to have a share in"

114

ὥστε: at the beginning of a sentence ὥστε marks a strong conclusion: "and so..."

νομιζέτω...φέρειν: "let him consider (which way) to cast," 3rd sing. imperat.

ὑπέρ: "on behalf of," "in defense of"

ἐκείνας: the citizen women just mentioned

ἐξ ἴσου: "equally to" (+ dat.); see similarly ἐν τῷ ἴσῳ, below.

φανῆναι < φαίνω; subject is ἐκείνας, predicate is τιμωμένας.

τραφείσας < τρέφω

τῇ...συγγεγενημένῃ: "a woman who has had sex with" + dat.; this is all one very long substantive phrase.

μετὰ πολλῶν καὶ ἀσελγῶν τρόπων: "in many vulgar ways"; see §108 note on εἰργασμένην.

115

ἡγεῖσθε: imperative, "consider," "have the opinion that" + acc. + infin.

Ἀπολλόδωρον...πολίτας: predicates

εἶναι Ἀπολλόδωρον: Dilts 2009 brackets this, following van Herwerden.

ἀπολογησομένους καὶ συνεροῦντας: both these participles are future; συνεροῦντας < συναγορεύω

τοὺς νόμους καὶ Νέαιραν ταυτηνί: take these as the subject of δικάζεσθαι; the laws here are personified.

αὐτῇ: dative of agent

ἐπὶ τῆς κατηγορίας γένησθε: "you are in the presence of the accusation," i.e., "you listen to the accusation"

οἰκεῖται: "is administered," "is governed"

ὀμωμόκατε < ὄμνυμι. This refers to the oath that all prospective jurors swore at the beginning of each year, stating that they would vote according to the laws, and in cases where laws didn't exist, they would give an opinion rooted in justice.

Notes

τί κελεύουσι καὶ τί παραβεβήκασιν: the subject of the first verb is the laws, the second is implied, namely Stephanos and Neaira.

παραβεβήκασιν < παραβαίνω

τὸν ἔλεγχον τὸν τῶν εἰρημένων: "the scrutiny of what has been said," i.e., the refutations consisting in the testimony already given. Explanatory genitive, S. 1322

(§116–119) *A noble man named Archias was recently convicted of making an illegal sacrifice. Even more so should Neaira be punished for her impiety. Apollodoros speculates about what the other side will argue as its defense, countering each potential argument.*

116

Ἀρχίαν: Archias tried to warn the Theban oligarchs about a plot by Theban exiles in Athens to liberate Thebes (379 BCE). This made him an unpopular figure in Athens and may have contributed to his prosecution on the (unrelated) charge described here.

ἱεροφάντην: the Hierophant was the chief priest of Demeter at Eleusis and played an important role in the Eleusinian Mysteries.

Σινώπῃ: Sinope was a well-known ἑταίρα in Athens.

Ἁλῴοις: the Haloa was a women's festival in honor of Demeter, Persephone, and (most likely) Dionysos, celebrated in Eleusis on the twenty-sixth of Poseideon (December/January).

ἱερεῖον: a sacrificial victim

ἱερεῖα: sacrificial victims

τῆς ἱερείας: the priestess

117

οὔκουν δεινόν: "is it not an outrageous thing that" + acc. + infin.

τὸν μέν: Archias, looking forward to Νέαιραν δέ, below

Εὐμολπιδῶν: the Eumolpidai were a prominent γένος from which the Hierophant was chosen.

ὅτι: "because"

Against Neaira

αἱ λῃτουργίαι ἃς ἐλῃτούργησε: instead of imposing taxes on everyone, the Athenians had a system of liturgies (λῃτουργίαι), mandatory public services taken on by the very richest members of Athenian society; they included things like financing a warship or equipping a chorus for a choral production. Recounting one's liturgies in court was a common strategy to win the jury's favor.

δόξαντα ἀδικεῖν: "because he was judged to be guilty"

τὸν αὐτὸν θεόν: i.e., Dionysos (who was connected with both the Haloa and the Anthesteria, where Phano was "married" to the god).

118

θαυμάζω: "I wonder," i.e., "I have no idea..." + indirect question (ironic)

πότερον ὡς: "perhaps (they will say) that..." πότερον indicates that this is the first of two alternatives, the other being οὐ γυναῖκα εἶναι αὐτοῦ, below.

οὐ γυναῖκα εἶναι αὐτοῦ, ἀλλὰ παλλακὴν ἔχειν ἔνδον: this will apparently be Stephanos' defense. A παλλακή is a concubine; it was permissible for a man to have a live-in παλλακή (of any status) to whom he was not married.

ἔχοντα: the understood subject is Stephanos; its object is αὐτήν.

119

ὡς ἔστιν ἀστὴ Νέαιρα αὑτηί: this stands roughly in apposition to ὡς... μεμαρτυρημένα and has the force of a clarification or explanation; it can be translated as "namely, that..."

αὐτὸν τοιοῦτόν τι μέλλειν ἀπολογεῖσθαι, ὡς: "that he will argue in his defense something like this, that..."

οὐ γυναῖκα: "not as a wife"

(§120–122) *In anticipation of Stephanos' defense, Apollodoros challenged him to hand over Neaira's female slaves, to attest that Stephanos' alleged children were Neaira's rather than those of a citizen wife (as Stephanos claimed). Apollodoros then explains the difference between prostitutes, concubines, and wives.*

120

πρός: "against," "in reply to"

Notes

αὐτῷ παρεσκευασμένων: "suborned by him." In a legal context παρασκευάζω can mean "to procure persons as witnesses, partisans, etc., so as to obtain a verdict by fraud or force" (LSJ B.I.2).

πρόκλησιν: for challenges, see §60. This is a πρόκλησις εἰς βάσανον. If a litigant wanted to introduce the evidence of slaves (his own or his opponents) into court, he issued a challenge either offering his own slaves or requesting his opponents' slaves for interrogation under torture (βάσανος). The other party could accept or reject the challenge, or make a counter-challenge offering different slaves or different conditions. When the two parties reached an agreement, the slave was interrogated in the owner's presence by the litigant who was not the owner. However, although we have evidence for people making challenges, there is no evidence for it actually being carried out. As such, many scholars conclude that it rarely, if ever, occurred in practice.

προὐκαλεσάμην: this is Rennie's emendation; Dilts 2009 prints the MSS reading προεκαλεσάμην, with no change in meaning.

παραδοῦναι: "to hand over (for interrogation under torture)" (LSJ παραδίδωμι I.A.3)

προσκαρτερούσας < προσκαρτερέω

Θρᾷτταν καὶ Κοκκαλίνην: see §35.

121

τὴν Στρυβήλην καλουμένην: Dilts 2009 brackets this phrase as an interpolation, following Kapparis 1999.

βασανόυ: interrogation under torture; see §120. Slaves' testimony could be given only under torture.

122

τὰς μὲν γὰρ ἑταίρας…ἔχειν: this is a well-known passage, often studied by scholars interested in sex and gender in ancient Greece. It should be noted that these definitions are rhetorical, not technical or legal.

τῶν ἔνδον: "of the things within," i.e., the household

ὥστ': at the beginning of a sentence ὥστε marks a strong conclusion: "and so…"

παραδόντι: "by delivering up for interrogation torture"

(§123–124) *Apollodoros has read aloud a deposition attesting that he issued the challenge to Stephanos, as well as the challenge itself.*

123

ὡς δὲ προὐκαλεσάμην: "(to prove) that I challenged him"; ὡς with a substantive clause expressing a fact (LSJ B.I.1)

ἀναγνώσεται: "will read aloud" < ἀναγιγνώσκω; supply as subject the clerk in the courtroom.

Δημοσθένης Δημοσθένους Παιανιεύς: this is the famous orator Demosthenes (son of Demosthenes, of the deme Paiania).

Ἀλωπεκῆθεν: of the deme Alopeke

περὶ ὧν ᾐτιᾶτο Ἀπολλόδωρος: "concerning which Apollodoros laid a charge against" < αἰτιάομαι, "accuse, charge"

παρέχεται: "puts forward" formally in court

124

περὶ ὧν τὴν γραφὴν γέγραπται Νέαιραν: technically speaking this is inaccurate: it was Theomnestos, not Apollodoros, who brought the γραφή. It is possible, however, that Apollodoros originally brought the suit and then dropped it, leaving Theomnestos to bring it instead (Carey 1992: 150); or it is possible that the language is being used loosely here of Apollodoros' prominent role in the suit.

παραλαμβάνειν: "receive" for examination by torture

ἐφ' ᾧ: "for the purpose of"; takes an infinitive in a proviso clause (S. 2279)

εἰ μὲν ὁμολογοῖεν...τούτους τοὺς παῖδας: this seems to contradict Apollodoros' earlier argument, that the children were Neaira's and *not* Stephanos'. While attempts have been made to emend the text, Patteson suggests that Apollodoros simply wanted to cover all possibilities (1978: 142-43). Carey 1992: 150, in turn, suggests that Apollodoros may have changed his strategy.

πεπρᾶσθαι Νέαιραν: "(Apollodoros demanded that) Neaira be sold" as a slave; infin. πεπρᾶσθαι depends on προὐκαλεῖτο at the start of the paragraph.

ἤθελον: note the switch to the first person from the third; this may simply be carelessness on Apollodoros' part, or may indicate (among other things, listed above) that this document is a later forgery.

(§125–126) *Stephanos refused to accept the challenge, which Apollodoros says is proof of Neaira's guilt. In the concluding paragraph, Apollodoros presents himself as an avenger of both the gods and himself, and tells the jurors that they should likewise avenge the gods and themselves by convicting Neaira.*

125

ἐγραψάμην: see §124.

οὐδὲν ὑγιὲς λέγει: "gives no logically sound argument" (LSJ ὑγιής II.4)

126

Conclusion (ἐπίλογος)

κατέστησά...εἰς ἀγῶνα: "brought to trial"

χρή: looks forward to ψηφίσασθαι

νομίσαντας: "expecting that" + fut. infin. (LSJ νομίζω II.4)

λήσειν < λανθάνω; governed by νομίσαντας, looking forward to ψηφίσηται

ψηφίσασθαι: governed by χρή

δόξετε πᾶσι: "you will be thought by all to" + infin.

VOCABULARY

ἀγαθός -ή -όν: good, virtuous, brave, noble

ἀγανακτέω ἀγανακτήσω ἠγανάκτησα ἠγανάκτηκα ἠγανάκτημαι ἠγανακτήθην: be annoyed with

ἀγαπάω ἀγαπήσω ἀγάπησα ἠγάπηκα ἠγάπημαι ἀγάπηθην: love, show affection; be pleased

ἀγγέλλω ἀγγελῶ ἤγγειλα ἤγγελκα ἤγγελμαι ἠγγέλθην: report, tell

ἄγγελος -ου ὁ: messenger

ἅγιος -α -ον: devoted to the gods, sacred, holy

ἁγιστεύω: perform sacred rites

ἀγνοέω ἀγνοήσω ἠγνόησα ἠγνόηκα ἠγνόημαι ἠγνοήθην: not perceive, be ignorant

ἁγνός -ή -όν: full of religious awe

ἀγνώς -ῶτος: unknown, ignorant

ἀγορά -ᾶς ἡ: market place

ἀγοράζω ἀγοράσω ἠγόρασα ἠγόρακα ἠγόρασμαι ἠγοράσθην: be in the ἀγορά; buy in the market

ἀγρός -οῦ ὁ: field, arable land

ἄγω ἄξω ἤγαγον ἦχα ἦγμαι ἤχθην: lead, carry, bring; pass (time)

ἀγών -ῶνος ὁ: contest; struggle

ἀγωνίζομαι ἀγωνισιοῦμαι ἠγωνισάμην --- ἠγώνισμαι ἠγωνίσθην: contend for a prize; contend in court; (pass.) be on trial

ἄδεια -ας ἡ: lack of fear, security; permission

ἀδελφή -ῆς ἡ: sister

ἀδελφιδῆ -ῆς ἡ: a brother's or sister's daughter, a niece

ἀδελφός -οῦ ὁ: brother

ἀδικέω ἀδικήσω ἠδίκησα ἠδίκηκα ἠδίκημαι ἠδικήθην: do wrong; injure

ἀδίκημα -ατος τό: a wrong done, a wrong, misdeed

Vocabulary

ἄδικος -ον: unjust

ἀδύνατος -ον: impossible; powerless

ἀεί: always

Ἀθήναζε: to Athens

Ἀθῆναι -ῶν αἱ: Athens

Ἀθηναῖος -α -ον: Athenian

Ἀθμονεύς: of the deme Athmone

ἀθῷος -ον: unpunished, scot-free

Αἰγιλιεύς: of the deme Aigilia

Αἰήτης -οῦ ὁ: Aietes

αἷμα -ατος τό: blood

Αἰνιάν: of the Aenianes, a Thessalian tribe

Αἰξωνεύς: of the deme Aixone

αἱρέω αἱρήσω 2 aor. εἷλον ᾕρηκα ᾕρημαι, ᾑρέθην: take, grasp, take by force; (mid.) choose

αἴρω ἀρῶ ἦρα ἦρκα ἦρμαι ἤρθην: take up, lift up; remove

αἰσθάνομαι αἰσθήσομαι 2 aor. ᾐσθόμην --- ᾔσθημαι ---: perceive, understand, hear, learn

αἰσχροκέρδεια -ας ἡ: base greed

αἰσχρός -ά -όν: ugly, shameful, disgraceful

αἰσχύνη -ης ἡ: shame, dishonor

αἰσχύνω αἰσχυνῶ ᾔσχυνα --- --- ᾐσχύνθην: feel shame

αἰτέω αἰτήσω ᾔτησα ᾔτηκα ᾔτημαι ᾐτήθην: ask (for), beg

αἰτία -ας ἡ: cause, origin; charge, accusation

αἰτιάομαι αἰτιάσομαι ᾐτιασάμην ᾐτίαμαι --- ᾐτιάθην: accuse, blame

αἴτιος -α -ον: responsible, guilty

ἀκακία -α ἡ: innocence

ἀκολασία -α ἡ: licentiousness, intemperance

ἀκολουθέω ἀκολουθήσω ἠκολούθησα ἠκολούθηκα ἠκολούθημαι ἠκολουθήθην: follow, go after, obey

ἀκόλουθος -ον: following on (+gen.)

ἀκούω ἀκούσομαι ἤκουσα ἀκήκοα (plup. ἠκηκόη or ἀκηκόη) --- ἠκούσθην: listen (to), hear (of)

ἀκρίβεια -ας ἡ: exactness, minute accuracy, precision

ἀκριβής -ές: exact, accurate, precise

ἀκροάομαι: hearken to, listen to; heed, obey

ἀκρόπολις -εως ἡ: the upper city, citadel; the Acropolis (the citadel of Athens)

ἄκυρος -ον: without authority

ἀλήθεια -ας ἡ: truth

ἀληθής -ές: true

ἁλίσκομαι ἁλώσομαι 2 aor. ἑάλων ἑάλωκα --- ---: be taken, conquered (act. supplied by αἱρέω)

Ἀλκισθένης -ους ὁ: Alkisthenes

ἀλλά: but

ἀλλήλων -οις: (oblique cases plural only) one another, each other

ἄλλος -η -ο: other, another

ἀλλότριος -α -ον: belonging to another

ἄλλως: otherwise

Ἁλῶα -ων τά: festival for Demeter

Ἁλωπεκή -ῆς ἡ: the deme Alopeke

ἅμα: at the same time; (prep.) together with (+dat.)

ἁμαρτάνω ἁμαρτήσομαι ἡμάρτησα 2 aor. ἥμαρτον ἡμάρτηκα ἡμάρτημαι ἡμαρτήθην: miss the mark (+gen.); fail, be wrong, make a mistake

Vocabulary

ἀμείνων -ον: better, abler, stronger, braver (comp. of ἀγαθός)

ἀμέλεια -ας ἡ: indifference, negligence

ἀμυδρός -ά -όν: indistinct, dim, obscure

ἀμύνω ἀμυνῶ ἤμυνα ἤμυκα ἤμυμαι ἠμύνηθην: defend

ἀμφί: about, around

Ἀμφικτύονες -ων οἱ: the council of the Greek Amphictyonic League

ἀμφότερος -α -ον: both

ἄν: [marks verbs as potential (with optative) or generalizing (with subjunctive)]

ἀνά: up, on; throughout

ἀναβαίνω ἀναβήσομαι ἀνέβην ἀναβέβηκα --- ---: board, go up; mount the speaker's platform

ἀναγιγνώσκω ἀναγνώσομαι ἀνέγνων ἀνέγνωκα ἀνέγνωσμαι ἀνεγνώσθην: read aloud

ἀναγκάζω ἀναγκάσω ἠνάγκασα ἠνάγκακα ἠνάγκασμαι ἠναγκάσθην: force, compel, constrain

ἀνάγκη -ης ἡ: necessity

ἀναγράφω: engrave and set up

ἀναδέχομαι: take up, catch, receive

ἀνάθημα -ατος τό: dedicated thing, votive gift, offering

ἀναίδεια -ας ἡ: shamelessness, impudence, effrontery

ἀναιδής -ές: shameless

ἀναιρέω ἀναιρήσω ἀνεῖλον ἀνῄρηκα ἀνῄρημαι ἀνῃρέθην: raise, take up; kill, destroy

ἀναλαμβάνω ἀναλήψομαι ἀνέλαβον ἀνείληφα ἀνείλημμαι ἀνελήφθην: take up, undertake, repair

ἀναλίσκω ἀναλώσω ἀνήλωσα ἀνήλωκα ἀνήλωμαι ἀνηλώθην: use up, spend, lavish ἀνάλωμα -ατος τό: expenditure, cost

ἀναμφισβήτητος -ον: undisputed, indisputable

ἄνανδρος -ον: cowardly, unmanly

ἀναρπάζω ἀναρπάσομαι and ἀναρπάσω ἀνήρπασα ἀνήρπακα ἀνήρπασμαι ἀνηρπάσθην: snatch up

ἀνατίθημι ἀναθήσω ἀνέθηκα ἀνατέθηκα --- ἀνετέθην: decorate, set up, dedicate

ἀναχωρέω ἀναχωρήσω ἀνεχώρησα: retreat, withdraw, return

ἀνδραγαθία -ας ἡ: bravery, manly virtue, the character of a brave honest man

Ἄνδριος -α -ον: of Andros

ἀνέκδοτος -ον: not given in marriage, unwed

ἀνελεύθερος -ον: illiberal, not fit for a free person

ἄνεμος -ου ὁ: wind, spirit

ἀνεπίφθονος -ον: without reproach

ἄνευ: without (+gen.)

ἀνήρ ἀνδρός ὁ: man, husband

Ἀνθεστηριών -ῶνος ὁ: the month Anthesterion

ἀνθρώπινος -η -ον: human, characteristic of people

ἄνθρωπος -ου ὁ/ἡ: human being

ἀνίστημι ἀνστήσω ἀνέστησα (or ἀνέστην) ἀνέστηκα ἀνέσταμαι ἀνεστάθην: make stand, set up; stand up

ἀνόητος -ον: foolish

ἀνοίγνυμι ἀνοίξω ἀνέῳξα ἀνέῳχα --- ἀνεῴχθην: open, (pass.) be open, stand open

Ἄντεια -ας ἡ: Anteia

ἀντί: opposite (+gen.)

Vocabulary

ἀντιβολέω ἀντιβολήσω ἠντεβόλησα --- --- ἠντεβολήθην: meet; meet as a suppliant, entreat, supplicate

Ἀντιδωρίδης -ου ὁ: Antidorides

ἀντιλέγω ἀντερῶ/ἀντιλέξω ἀντεῖπον ἀντείρηκα ἀντείρημαι/ἀντιλέλεγμαι ἀντελέχθην/ἀντερρήθην: to speak against

ἀντιχειροτονέω: vote against

Ἄνυτος -ου ὁ: Anytos

ἄνω: up, upwards

ἄνωθεν: from the beginning

ἄξιος -α -ον: worthy, deserving

ἀξιόω ἀξιώσω ἠξίωσα ἠξίωκα ἠξίωμαι ἠξιώθην: consider worthy; require, demand, ask, claim

ἀξίωμα -ατος τό: dignity, esteem, honor, reputation

ἀπαγορεύω: forbid

ἀπάγω ἀπάξω ἀπήγαγον ἀπῆχα ἀπῆγμαι ἀπήχθην: lead away, bring home, pay

ἀπαιδία -ας ἡ: childlessness

ἄπαις ἄπαις: childless

ἀπαλλάσσω ἀπαλλάξω ἀπήλλαξα ἀπήλλαχα ἀπήλλαγμαι ἀπηλλάχθην or ἀπηλλάγην: set free, release, deliver

ἅπαξ: once, once only

ἅπας -ασα -αν: all together

ἀπάτη -ης ἡ: a trick, fraud, deceit

ἀπειρία -ας ἡ: want of skill, inexperience

ἄπειρος -α -ον: inexperienced, ignorant

ἀπελαύνω ἀπελῶ ἀπήλασα ἀπελήλακα ἀπελήλαμαι ἀπηλάθην: drive away, expel from

ἀπελευθέρα -ας ἡ: emancipated slave, freedwoman

Against Neaira

ἀπέρχομαι ἀπελεύσομαι ἀπῆλθον ἀπελήλυθα --- ---: go away, depart from

ἀπέχω ἀφέξω (or ἀποσχήσω) ἀπέσχον ἀπέσχηκα --- ---: keep off, away from

ἄπιστος -ον: not be trusted

ἁπλῶς: simply, singly, in one way

ἀπό: from (+gen.)

ἀποβαίνω ἀποβήσομαι ἀπέβην ἀποβέβηκα --- ---: step from

ἀπογράφω: enter in a list

ἀποδιδράσκω ἀποδράσομαι ἀπέδραν ἀποδέδρακα --- ---: run away, shun, avoid

ἀποδίδωμι ἀποδώσω ἀπέδωκα ἀποδέδωκα ἀποδέδομαι ἀπεδόθην: give back; render; allow; (mid.) sell

ἀπόθετος -ον: laid by, stored up

ἀποθνήσκω ἀποθανοῦμαι 2 aor. ἀπέθανον ἀποτέθνηκα --- ---: die

ἀποκλείω ἀποκλείσω ἀπέκλεισα ἀποκέκλεικα ἀποκέκλειμαι ἀπεκλείσθην: shut off from; shut in, confine

ἀποκρίνω ἀποκρινῶ ἀπεκρινάμην --- ἀποκέκριμαι ἀπεκρίθην: separate, set apart, choose; (mid.) answer, reply

ἀποκτείνω ἀποκτενῶ ἀπέκτεινα ἀπέκτονα --- ---: kill

ἀπολαμβάνω ἀπολήψομαι ἀπέλαβον ἀπείληφα ἀπείλημμαι ἀπελήφθην: take from

Ἀπολλόδωρος -ου ὁ: Apollodoros

Ἀπολλοφάνης -ους ὁ: Apollophanes

ἀπόλλυμι ἀπολῶ ἀπώλεσα 2 aor. mid. ἀπωλόμην pf. ἀπολώλεκα ("I have utterly destroyed") or ἀπόλωλα ("I am undone") --- ---: kill, destroy; (mid.) perish, die

Ἀπόλλων -ωνος ὁ: Apollo

Ἀπολλωνίδης -ου ὁ: Apollonides

ἀπολογέομαι ἀπολογήσομαι ἀπελογησάμην --- ἀπολελόγημαι ἀπελογήθην: defend oneself

Vocabulary

ἀπολογία -ας ἡ: a speech in defense, defense

ἀποπέμπω ἀποπέμψω ἀπέπεμψα ἀποπέπομφα ἀποπέπεμμαι ἀπεπέμφθην: send away

ἀπόπεμψις -εως ἡ: a sending off, dispatching

ἀπορέω ἀπορήσω ἠπόρησα ἠπόρηκα ἠπόρημαι ἠπορήθην: be at a loss; be poor; (pass.) be left unprovided for

ἀπορία -ας ἡ: difficulty, perplexity

ἀπόρρητος -ον: forbidden, secret

ἀποστερέω ἀποστερήσω ἀποστέρησα ἀποστέρηκα ἀποστέρημαι ἀποστερήθην: deprive

ἀποσφάζω: cut the throat of

ἀποτίνω ἀποτείσω ἀπέτεισα ἀποτέτεικα ἀποτέτεισμαι ἀποετείσθην: pay off, pay for

ἀποτυγχάνω: fail in (+ gen.)

ἀποφαίνω ἀποφανῶ ἀπέφηνα ἀποπέφηνα ἀποπέφασμαι ἀπεφάν(θ)ην: display, produce

ἀποφεύγω ἀποφεύξομαι ἀπέφυγον ἀπέφευγα --- ---: be acquitted

ἀποψηφίζομαι: reject, refuse to elect, vote against; acquit

ἄπροικος -ον: undowered, without a dowry

ἀπροσδόκητος -ον: unexpected, unlooked for

ἀπροφάσιστος -ον: offering no excuse, unhesitating

ἅπτω ἅψω ἧψα --- ἧμμαι ἥφθην: fasten; touch (+gen.); kindle

ἄρα: well then, really; therefore, then (drawing an inference)

ἆρα: [introduces a question]

Ἀργεῖος -α -ον: Argive, of or from Argos (Greece)

ἀργύριον -ου τό: money

Ἄρειος [-α] -ον: devoted to Ares, warlike, martial (ἄ. πάγος, the Areopagos)

Against Neaira

Ἀρεοπαγίτης -ου ὁ: Areopagite, member of the Areopagos council

ἀρέσκω ἀρέσω ἤρεσα --- --- ἠρέσθην: conform to (+dat.)

ἀρετή -ῆς ἡ: goodness, excellence; virtue; valor, bravery

ἀριθμός -οῦ ὁ: number

ἀριστεῖον -ου τό: monument of valor, memorial

Ἀριστόκλεια -ας ἡ: Aristokleia

Ἀριστοκράτης -ους ὁ: Aristokrates

Ἀριστόμαχος -ου ὁ: Aristomachos

ἄριστος -η -ον: best, noblest (superl. of ἀγαθός)

Ἀρίστων -ωνος ὁ: Ariston

ἅρμα -ατος τό: chariot

ἄρρητος -ον: unspoken, unsaid; not to be spoken, not to be divulged, secret

Ἀρτεμίσιον -ου τό: Artemision

ἀρχαῖος -α -ον: ancient, old-fashioned, primitive

Ἀρχέλαος -ου ὁ: Archelaos

ἀρχή -ῆς ἡ: beginning, origin; rule, empire, realm; magistracy

ἀρχηγός -όν: beginning, originating, principal

Ἀρχίας -ου ὁ: Archias

Ἀρχίδαμος -ου ὁ: Archidamos

ἄρχω ἄρξω ἦρξα ἦρχα ἦργμαι ἤρχθην: begin (+gen.); lead, rule, govern (+gen.)

ἀσέβεια -ας ἡ: ungodliness, impiety

ἀσεβέω ἀσεβήσω ἠσέβησα ἠσέβηκα ἠσέβημαι ἐσεβήθην: be impious, commit sacrilege, sin against

ἀσέβημα -ατος τό: an impious or profane act

ἀσελγής -ές: vulgar, coarse, immodest, lascivious

ἀσθένεια -ας ἡ: weakness, sickness

Vocabulary

ἀσθενέω: be weak, be ill

ἄσμενος -η -ον: well-pleased, glad

Ἀστεῖος -ου ὁ: Asteios

ἀστή -ῆς ἡ: fem. of ἀστός

ἀστός -οῦ ὁ: a townsman, citizen

ἀστρατεία -ας ἡ: exemption from service; avoidance of service

ἀστυγείτων -ον gen. -ονος: near or bordering on a city

Ἀσωπός -οῦ ὁ: Asopos, a river in Boiotia

ἀτέλεια -ας ἡ: incompleteness, imperfection; exemption from payment

ἀτιμία -ας ἡ: dishonor; disenfranchisement

ἄτιμος -ον: dishonored; deprived of civic rights, disenfranchised

ἀτιμόω: disenfranchise

ἀτιμώρητος -όν: unavenged

Ἀττικός -ή -όν: Attic, Athenian

ἀτυχία -ας ἡ: a misfortune, miscarriage, mishap

αὖ, αὖθις: moreover; on the other hand; back (again)

αὐλή -ῆς ἡ: court

αὐτίκα: at once, immediately

αὐτόθι: on the spot

αὐτοκράτωρ gen. -ορος: free, independent

αὐτός -ή -ό: him- her- itself etc. (for emphasis); the same (with article); (pron.) him, her, it etc. (in oblique cases)

αὐτοχειρία -ας ἡ: murder perpetrated by one's own hand

αὐτόχθων or -ον gen. -ονος: sprung from the land itself

ἀφαιρέω ἀφαιρήσω ἀφεῖλον ἀφῄρηκα ἀφῄρημαι ἀφῃρέθην: take from, take away

Against Neaira

Ἀφίδναζε: to Aphidna

Ἀφιδναῖος -α -ον: of the deme Aphidna

ἀφίημι ἀφήσω ἀφῆκα ἀφεῖκα ἀφεῖμαι ἀφείθην: send away, let go; let alone, neglect

ἀφικνέομαι ἀφίξομαι 2 aor. ἀφικόμην --- ἀφῖγμαι ---: come to, arrive at

ἀφίστημι ἀποστήσω ἀπέστησα (or ἀπέστην) ἀπέστηκα ἀπέσταμαι ἀπεστάθην: remove; revolt/cause to revolt; renounce claim on; abandon

Ἀχαρνεύς: inhabiting Acharnai

βαδίζω βαδιοῦμαι ἐβάδισα βεβάδικα --- ---: go on foot; walk, go

βαίνω βήσομαι 2 aor. ἔβην βέβηκα --- ---: walk, come, go

βάλλω βαλῶ 2 aor. ἔβαλον βέβληκα βέβλημαι ἐβλήθην: throw, hurl; throw at, hit (+acc.) with (+dat.)

βάρβαρος -ον: non-Greek, foreign; barbarous

βάρβαρος -ου ὁ: barbarian, foreigner

βαρύς -εῖα -ύ: heavy, grievous, tiresome

βασανίζω βασανιῶ ἐβασάνισα --- βεβασάνισμαι ἐβασανίσθην: put to the test, interrogate by torture

βάσανος -ου ἡ: touchstone; interrogation by torture

βασιλεία -ας ἡ: kingship

βασίλειος -α -ον: royal, kingly

βασιλεύς -έως ὁ: king, king archon

βασιλεύω βασιλεύσω ἐβασίλευσα βεβασίλευκα βεβασίλευμαι ἐβασιλήθην: be king; serve as king archon

βασίλιννα ἡ: queen; wife of the king archon

βέβαιος -α -ον: firm, steady, certain

βέλτιστος -η -ον: best

βελτίων -ον: better (comp. of ἀγαθός)

Vocabulary

βῆμα -ατος τό: a step, pace; a speaker's platform

βιάω βιήσω ἐβίασα βεβίηκα βεβίημαι ἐβιήθην: do violence

βίος -ου, ὁ: life

βλάπτω βλάψω ἔβλαψα βέβλαφα βέβλαμμαι ἐβλάφθην (or ἐβλάβην): harm, disable, damage

βλέπω βλέψομαι ἔβλεψα: see, look (at)

βοήθεια -ας ἡ: help, aid

βοηθέω βοηθήσω ἐβοήθησα βεβοήθηκα βεβοήθημαι ---: help, assist (+dat.)

βοιωταρχέω: be a Boiotarch

Βοιωτία -ας ἡ: Boiotia

Βοιωτός -ή -όν: a Boiotian

βουλευτήριον -ου τό: a council-chamber, senate-house

βουλεύω βουλεύσω ἐβούλευσα βεβούλευκα βεβούλευμαι ἐβουλεύθην: plan (to), decide (to); (mid.) deliberate

βουλή -ῆς ἡ: will, determination; counsel, piece of advice; council of elders

βούλομαι βουλήσομαι --- --- βεβούλημαι ἐβουλήθην: (+infin.) will, wish (to); be willing (to); ὁ βουλόμενος anyone who likes

βοῦς βοός ὁ/ἡ: bull, ox, cow

Βράχυλλος -ου ὁ: Brachyllos

βραχύς -εῖα -ύ: brief, short

Βρυτίδαι -ῶν οἱ: the genos Brytidai

βωμός -οῦ ὁ: altar

γαῖα -ας ἡ: earth

γαμέω γαμῶ ἔγημα γεγάμηκα γεγάμημαι ---: marry

γάρ: for (explanatory), indeed, in fact (confirming)

γε: (enclitic) indeed; at least, at any rate

γεννητής -οῦ ὁ: a parent; γεννῆται, οἱ, at Athens, members of γένη

Against Neaira

γένος -ους τό: race, family; kind, class

γεραίρω γεραρῶ ἐγέραρα/ἐγέρηρα: present as honorary gift to (+dat.); honor, celebrate

γεραρός -ά -όν: majestic, venerable; αἱ γεραραί, venerable priestesses of Dionysos

γέρρον -ου τό: an object made of wicker-work, wicker shield or fence

γῆ -ῆς ἡ: earth

γίγνομαι γενήσομαι 2 aor. ἐγενόμην γέγονα γεγένημαι ἐγενήθην: become; be born; happen, be

γιγνώσκω γνώσομαι ἔγνων ἔγνωκα ἔγνωσμαι ἐγνώσθην: come to know, learn; judge, think, or determine that (+acc. and infin.)

Γλαυκέτης -ου ὁ: Glauketes

Γλαυκωνίδης -ου ὁ: Glaukonides

γλῶσσα -ης ἡ: tongue; language

γνήσιος -α -ον: born in wedlock, genuine, legitimate

γνώμη -ης ἡ: thought, intelligence, opinion, purpose

γράμμα -ατος τό: letter, written character; (pl.) piece of writing, document(s)

γραφή -ῆς ἡ: a drawing, painting, writing; indictment

γράφω γράψω ἔγραψα γέγραφα γέγραμμαι ἐγράφην: write

γυνή γυναικός ἡ: woman, wife

δαίμων -ονος ὁ/ἡ: spirit, god, demon

Δαρεῖος -ου ὁ: Darius

δασμολογέω: collect as tribute, gather (money)

Δᾶτις -ιδος ὁ: Datis

δέ: and; but

δέδοικα, δείσομαι, ἔδεισα: fear

δεῖ (impf. ἔδει) δεήσει: it is necessary, one must, one ought (+acc. and infin.)

Vocabulary

δείκνυμι δείξω ἔδειξα δέδειχα δέδειγμαι ἐδείχθην: show, point out

Δεινίας -ου ὁ: Deinias

Δεινομένης -ους ὁ: Deinomenes

δεινός -ή -όν: awesome, terrible; clever, clever at (+infin.)

δεῖπνον -ου τό: feast

δέκα: ten

δέκατος -η -ον: tenth

Δελφοί -ῶν οἱ: Delphi, site of the Delphic oracle; the Delphinians

δέομαι δεήσομαι ἐδεησάμην --- δεδέημαι ἐδεήθην: beg, ask

δεσπότης -ου ὁ: master (of the household); absolute ruler

δεῦρο: (to) here

δεύτερος -α -ον: second

δέχομαι δέξομαι ἐδεξάμην --- δέδεγμαι ἐδέχθην: take, accept; welcome, entertain

δέω δεήσω ἐδέησα δεδέηκα δεδέημαι ἐδεήθην: lack, miss, stand in need of (+gen.)

δή: surely, really, now, in fact, indeed (gives greater exactness)

δηϊόω: cut down, slay

δῆλος -η -ον: visible, clear, manifest

δηλόω δηλώσω ἐδήλωσα δεδήλωκα δεδήλωμαι ἐδηλώθην: show, declare, explain

δημοκρατία -ας ἡ: democracy

δῆμος -ου ὁ: the (common) people; country district (opp. πόλις)

Δημοσθένης -ους ὁ: Demosthenes

δημόσιος -α -ον: belonging to the people

δημοτελής -ές: at the public cost, public, national

δημότης -ου ὁ: member of a deme or of the same deme

Against Neaira

Δημοχάρης -ους ὁ: Demochares

Δήμων -ωνος ὁ: Demon

δήπου: perhaps, maybe; surely

διά: through, during, because of (+gen., acc.)

διαβαίνω διαβήσομαι διέβην διαβέβηκα --- ---: step across, cross

διαβάλλω διαβαλῶ διέβαλον διαβέβληκα διαβέβλημαι διεβλήθην: slander

διαβολή: false accusation, slander, calumny

διάγω διάξω: carry on, live (life)

δίαιτα -ης ἡ: arbitration

διαιτάω διαιτήσω διῄτησα δεδιῄτηκα δεδιῄτημαι διαιτήθην (or διῃτήθην): (mid.) live, spend one's time

διαιτητής: an arbitrator, umpire

διάκειμαι διακείσομαι: be in a certain state, be disposed

διακληρόω: assign by lot, allot

διάκονος -ου ὁ: a servant, messenger

διαλλαγή -ῆς ἡ: change, reconciliation

διαλλακτής -οῦ ὁ: mediator

διαλλάσσω: reconcile one to another; come to a negotiated settlement

διαλύω διαλύσω διέλυσα διαλέλυκα διαλέλυμαι διελύθην: reconcile

διαπράσσω διαπράξω διέπραξα διαπέπραχα (or διαπέπραγα) διαπέπραγμαι διεπράχθην: accomplish, carry out, do; pass over

διαρρήδην: expressly, distinctly, explicitly

διασῴζω διασώσω διέσωσα διασέσωκα διασέσωμαι/διασέσωσμαι διεσώθην: preserve through

διατίθημι διαθήσω διέθηκα διατέθηκα --- διετέθην: dispose

διατρίβω διατρίψω διέτριψα διατέτριφα διατέτριμμαι διετρίφθην (or διετρίβην): spend time, stay, live, dwell

Vocabulary

διαφέρω διοίσω 1 aor. διήνεγκα 2 aor. διήνεγκον διενήνοχα διενήνεγμαι διηνέχθην: carry in different ways, spread; differ; (impers.) διαφέρει it makes a difference to (+dat.)

διαφθείρω διαφθερῶ διέφθειρα διέφθαρκα διέφθαρμαι διεφθάρην: destroy; corrupt

διαφορά -ᾶς ἡ: difference, disagreement

διαχειροτονέω: vote

διαχειροτονία -ας ἡ: voting

διδάσκω διδάξω ἐδίδαξα δεδίδαχα δεδίδαγμαι ἐδιδάχθην: teach

δίδωμι δώσω ἔδωκα δέδωκα δέδομαι ἐδόθην: give, grant, offer

διεγγυάω: give security for; (in passive) be bailed, be vouched for

διέξειμι: go through, tell in detail

διηγέομαι διηγήσομαι διηγησάμην --- διήγημαι διηγήθην: set out in detail, explain fully

δικάζω δικάσω ἐδίκασα δεδίκακα δεδίκασμαι ἐδικάσθην: judge, sit in judgment; (mid.) plead a case, go to law; δίκην δικάζεσθαί τινι go to law with someone

δίκαιος -α -ον: right, just

δικαστήριον -ου τό: a court of justice

δικαστής -οῦ ὁ: judge, juror

δίκη -ης, ἡ: justice, lawsuit, trial, penalty

Διογείτων -ονος ὁ: Diogeiton

διοικέω διοικήσω διῴκησα διῴκηκα διῴκημαι διῳκήθην: manage a house

διοίκησις -εως ἡ: financial management, administration

διόμνυμι διομοῦμαι/διομόσω διώμοσα διομώμοκα --- διωμόθην/διωμόσθην: swear solemnly, declare on oath

Διόνυσος -ου ὁ: Dionysos

Διοπείθης -ους ὁ: Diopeithes

Against Neaira

διορίζω διοριῶ διώρισα διώρικα διώρισμαι διωρίσθην: define

διότι: since, because

Διοφάνης -ους ὁ: Diophanes

διπλός -η -ον: twofold, double

δίς: twice, doubly

Δίφιλος -ου ὁ: Diphilos

διώκω διώξομαι ἐδίωξα δεδίωχα ἐδιώχθην: pursue

δοκέω δόξω ἔδοξα: think, suppose, imagine (+acc. and infin.); seem, seem good; (impers.) δοκεῖ (μοι) it seems (to me)

δοκιμάζω: examine, scrutinize

δόξα -ης ἡ: opinion, judgment; reputation, honor, glory

δούλη -ης ἡ: female slave

δοῦλος -ου ὁ: male slave

δραπέτης -ου ὁ: a runaway slave, fugitive

δραχμή -ῆς ἡ: drachma

δράω δράσω ἔδρασα δέδρακα δέδραμαι ἐδράσθην: do, accomplish

Δροσίς -ίδος ἡ: Drosis

δύναμαι δυνήσομαι --- --- δεδύνημαι ἐδυνήθην: (+infin.) be able (to), be strong enough (to)

δύναμις -εως ἡ: power, strength, ability

δυναστεία -ας ἡ: monarchy

δυνατός -ή -όν: strong, powerful, able

δύο: two

δωδέκατος -η -ον: twelfth

δωρεά -ᾶς ἡ: a gift, present

Δωρόθεος -ου ὁ: Dorotheos

Vocabulary

δῶρον -ου τό: gift

ἐάν (εἰ-ἄν): if (+subj.)

ἑαυτοῦ -ῆς -οῦ: him- her- itself (reflexive pron.)

ἐάω ἐάσω εἴασα: allow, permit (+acc. and infin.); let be, let alone

ἕβδομος -η -ον: seventh

ἐγγράφω ἐγγράψω ἐνέγραψα: inscribe; enter in a list of state debtors

ἐγγυάω: betroth

ἐγγύη -ης ἡ: a pledge put into the hand

ἐγγυητής -οῦ ὁ: one who gives security, a surety

ἐγγυητός -ή -όν: lawfully wedded (wife), as opposed to a ἑταίρα

ἐγχειρέω ἐγχειρήσω ἐνεχείρησα ἐγκεχείρηκα --- ---: attempt, try, undertake

ἐγχειρίδιον -ου τό: dagger; handle, tool; handbook, manual

ἐγώ ἐμοῦ, (pl.) ἡμεῖς ἡμῶν: I, we

ἐθέλω ἐθελήσω ἠθέλησα ἠθέληκα --- ---: (+infin.) wish (to); be willing (to)

ἔθνος -ους τό: nation

ἔθος -ους τό: custom, habit

εἰ: if (+indic. or opt.); εἴπερ if indeed

εἶδον: I saw, 2 aor. of ὁράω (2 aor. act. infin. ἰδεῖν, mid. infin. ἰδέσθαι)

εἶδος -ους τό: form, shape, figure; class, kind, sort

εἰκός -ότος, τό: likelihood, probability; εἰκός (ἐστι) it is likely (+infin.) → ἔοικα

εἴκοσι(ν): twenty

εἰκοστός -ή -όν: twentieth

εἰκότως: reasonably, appropriately; (at the end of a sentence) and rightly so, naturally

εἶμι: I will go, fut. of ἔρχομαι (infin. ἰέναι, ptc. ἰών ἰοῦσα ἰόν)

εἰμί (impf. ἦν, infin. εἶναι) ἔσομαι: be, exist

Against Neaira

εἶπον: I said, I spoke, 2 aor. of λέγω

εἱργμός -οῦ ὁ: cage, prison

εἰρήνη -ης, ἡ: peace

εἰς: into, to, towards (+acc.)

εἷς μία ἕν: one

εἰσάγω εἰσάξω εἰσήγαγον εἰσαγήοχα εἰσῆγμαι εἰσήχθην: lead in, bring before

εἴσειμι: go into

εἰσέρχομαι εἰσελεύσομαι εἰσῆλθον εἰσελήλυθα --- ---: come into court

εἰσφέρω εἰσοίσω εἰσήνεγκα εἰσενήνοχα εἰσενήνεγμαι εἰσηνέχθην: contribute

εἶτα: then, next

εἴτε...εἴτε: whether...or

ἐκ, ἐξ: from, out of (+gen.)

Ἑκάληθεν: from the deme Hekale

ἕκαστος -η -ον: each (of several)

ἑκάστοτε: each time, on each occasion

ἑκάτερος -α -ον: each (of two)

ἑκατόν: hundred

ἑκατοστός -ή -όν: hundredth

ἐκβάλλω ἐκβαλῶ ἐξέβαλον ἐκβέβληκα ἐκβέβλημαι ἐξεβλήθην: throw, cast out, produce; divorce

ἔκγονος -ον: born of, sprung from

ἐκδίδωμι ἐκδώσω ἐξέδωκε ἐκδέδωκα ἐκδέδομαι ἐξεδόθην: give in marriage

ἔκδοσις -εως ἡ: giving away in marriage, dowry

ἐκεῖ: there

ἐκεῖνος -η -ον: that person or thing; ἐκεῖνος...οὗτος the former...the latter

ἐκκλησία -ας ἡ: assembly

Vocabulary

ἐκκολάπτω: scrape out, obliterate

ἐκπέμπω ἐκπέμψω ἐξέπεμψα ἐκπέπομφα ἐκπέπεμμαι ἐξεπέμφθην: send out

ἐκτίνω ἐκτείσω ἐξέτεισα ἐκτέτεικα --- ---: pay off, pay in full

ἕκτος -η -ον: sixth

ἐκφέρω ἐκοίσω ἐκήνεγκα ἐκενήνοχα ἐκενήνεγμαι ἐκηνέχθην: carry out, carry off; refer (a matter for consideration to the Assembly)

ἑκών -οῦσα -όν: willingly

ἐλάσσων -ον: smaller, less, fewer (comp. of μικρός)

ἐλαύνω ἐλῶ ἤλασα -ελήλακα ἐλήλαμαι ἠλάθην: drive, set in motion

ἐλεγεῖον -ου τό: elegiac couplet; composition in elegiac couplets

ἔλεγχος -ους τό: argument, scrutiny, refutation, disproof

ἐλεέω ἐλεήσω ἠλέησα --- ἠλέημαι ἠλεήθην: have pity on, show mercy to

ἐλευθερία -ας ἡ: freedom

ἐλεύθερος -α -ον: free, independent

ἐλευθερόω ἐλευθερώσω ἠλευθέρωσα: free, set free

Ἐλευσίνιος -α -ον: Eleusinian, from Eleusis

ἔλευσις -εως ἡ: arrival, coming

Ἑλλάς -αδος ἡ: Greece

Ἕλλην -ηνος ὁ: Greek man

ἐλπίς -ίδος ἡ: hope; expectation

ἐμαυτοῦ -ῆς: (of) myself

ἐμβαίνω ἐμβήσομαι ἐνέβην ἐμβέβηκα --- ---: step upon, board

ἐμμένω ἐμμενῶ ἐμέμεινα ἐμμεμένηκα --- ---: abide by (+dat.)

ἐμός -ή -όν: my, mine

ἔμπειρος -ον: experienced in, acquainted with

ἐμφανής -ές: clear, visible to the eye, manifest; (adv.) visibly, openly ἐν: in, among (+dat.)

ἐναντίον: opposite, face to face, in front of

ἐναντιόομαι: set oneself against, oppose, withstand (+dat.)

ἐναντίος -α -ον: opposite, facing; opposing

ἔνατος -α -ον: ninth

ἐνδεής -ές: in need of; deficient

ἔνδεια -ας ἡ: want, need, lack, poverty

ἐνδείκνυμι ἐνδείξω ἐνέδειξα ἐνδέδειχα ἐνδέδειγμαι ἐνεδείχθην: mark, point out; (mid.) display, exhibit (+acc.)

ἐνδογενής -ές: within, at home

ἕνεκα: on account of, for the sake of (+gen.)

ἔνθα: there

ἐνθάδε: hither, thither

ἐνθυμέομαι ἐνθυμήσομαι --- --- ἐντεθύμημαι ἐνεθυμήθην: ponder

ἐνιαυτός -οῦ ὁ: year; anniversary

ἐννέα: nine

ἔνοχος -ον: accused, exposed, liable to (+dat.)

ἐνταῦθα: here, there

ἐντυγχάνω ἐντεύξομαι ἐνέτυχον ἐντετύχηκα --- ---: meet with

ἕξ: six

ἐξαιτέω ἐξαιτήσω ἐξῄτησα ἐξῄτηκα ἐξῄτημαι ἐξῃτήθην: ask for from; (mid.) appeal for pardon

ἐξαίτησις -εως ἡ: appeal, demand, intercession

ἐξανδραποδίζω ἐξανδραποδίσω ἐξηνδραπόδισα: enslave

ἐξαπατάω ἐξαπατήσω ἠξαπάτησα ἠξαπάτηκα ἠξαπάτημαι ἠξαπατήθην: deceive

ἐξαπίνας: suddenly

Vocabulary

ἐξελαύνω ἐξελῶ ἐξήλασα ἐξελήλακα ἐξελήλαμαι ἐξηλάθην: drive out from

ἐξελέγχω ἐξελέξω ἐξέλεξα ἐξέλεχα ἐξέλεγμαι ἐξελέχθην: convict; verify, prove

ἐξέρχομαι ἐξελεύσομαι ἐξῆλθον ἐξελήλυθα --- ---: go/come out, go forth

ἔξεστι: it is possible

ἐξετάζω ἐξετάσω ἐξήτασα ἐξήτακα ἐξήτασμαι ἐξητάσθην: examine closely, review

ἐξευρίσκω ἐξευρήσω ἔξευρον ἐξεύρηκα ἐξεύρημαι ἐξευρέθην: find out, discover

ἐξόμνυμι ἐξομοῦμαι/ἐξομόσω ἐξώμοσα ἐξομώμοκα --- ἐξωμόθην/ἐξωμόσθην: swear in excuse

ἐξορκόω: administer an oath (to someone, +acc.)

ἐξουσία -ας ἡ: power, authority, resources

ἔξω: outside; except

ἐξώλεια -ας ἡ: utter destruction

ἔοικα (ptc. εἰκώς): be like, look like (+dat.); seem; befit

ἑορτή -ῆς ἡ: festival

ἐπαγγέλλω ἐπαγγελῶ ἐπήγγειλα ἐπήγγελκα ἐπήγγελμαι ἐπηγγέλθην: tell, proclaim, command

ἐπαγωγός -ή -όν: attractive, tempting, alluring

Ἐπαίνετος -ου ὁ: Epainetos

ἐπαίρω (Ion. ἐπαείρω) ἐπᾱρῶ ἐπῆρα ἐπῆρκα ἐπῆρμαι ἐπήρθην: lift up; encourage

ἐπανέρχομαι ἐπανελεύσομαι/ἐπάνειμι ἐπανῆλθον ἐπανελήλυθα --- ---: come back, return

ἐπαράομαι: imprecate (curses) upon (+acc. +dat. of person)

ἐπεί: after, since, when

ἐπειδάν: whenever (ἐπειδή + ἄν, in indefinite or general clauses with subjunctive)

Against Neaira

ἔπειμι (> εἶμι ibo): (go) come upon, approach, attack

ἔπειμι ἐπέσομαι (> εἰμί): come after

ἔπειτα: then, next

ἐπί: at (+gen.); on (+dat.); on to, against (+acc.)

ἐπιβουλεύω ἐπιβουλεύσω ἐπεβούλευσα ἐπιβεβούλευκα --- ---: plan against, plot

ἐπιγίγνομαι ἐπιγενήσομαι ἐπεγενόμην ἐπιγέγονα ἐπιγεγένομαι ---: come after

ἐπιγράφω ἐπιγράψω ἐπέγραψα ἐπιγέγραφα ἐπιγέγραμμαι ἐπεγράφθην: inscribe, register

ἐπιδείκνυμι ἐπιδείξω ἐπέδειξα ἐπιδέδειχα ἐπιδέδειγμαι ἐπεδείχθην: display, exhibit; show, prove

ἐπιδημέω ἐπιδημήσω ἐπεδήμησα ἐπιδεδήμηκα --- ---: come to stay in a city, visit

ἐπιδημία -ας ἡ: a stay; an arrival; a persistence

ἐπιδίδωμι ἐπιδώσω ἐπέδωκα ἐπιδέδωκα ἐπιδέδομαι ἐπεδόθην: give besides

ἐπιεικής -ές: fitting, meet, suitable

ἐπιθυμέω ἐπιθυμήσω ἐπεθύμησα ἐπιτεθύμηκα --- ---: desire

ἐπίλοιπος -όν: still left, remaining

ἐπιμέλεια -ας ἡ: care, attention

ἐπιμελέομαι ἐπιμελήσομαι ἐπεμελήθην ἐπιμεμέλημαι --- ---: take care of, charge of (+ gen.)

ἐπιμελής -ές: careful

ἐπιμίγνυμι: mingle with (+ dat.)

ἐπινίκιος -όν: of victory, triumphal

ἐπιορκέω ἐπιορκήσω ἐπιώρκησα ἐπιώρκηκα --- ---: swear falsely, forswear oneself

ἐπισκοπέω: visit (especially the sick)

ἐπίσταμαι ἐπιστήσομαι --- --- --- ἠπιστήθην: know how to (+ infin.)

Vocabulary

ἐπιστήμη -ης ἡ: knowledge, understanding, skill

ἐπίταγμα -ατος: demand, order, condition

ἐπιτάσσω ἐπιτάξω: put upon one as a duty, enjoin

ἐπιτήδειος -α -ον: suitable, useful, (subst.) τὰ ἐπιτήδεια necessaries, provisions; friendly, (subst.) ὁ ἐπιτήδειος a close friend

ἐπιτίθημι ἐπιθήσω ἐπέθηκα ἐπιτέθηκα --- ἐπετέθην: make an attack

ἐπίτιμος -ον: in possession of civic rights

ἐπιτρέπω ἐπιτρέψω ἐπέτρεψα ἐπιτέτροφα ἐπιτέτραμμαι ἐπετράφθην (or ἐπετράπην): turn to, transfer, leave to

ἐπιτυγχάνω ἐπιτεύξομαι ἐπέτυχον ἐπιτετύχηκα --- ---: happen upon

ἐπιφανής: in full view, conspicuous, notable; adv. -νῶς openly, conspicuously

ἐπιφέρω ἐπιοίσω ἐπήνεγκα ἐπενήνοχα ἐπενήνεγμαι ἐπηνέχθην: bring on; bring as a charge against

ἕπομαι ἕψομαι 2 aor. ἑσπόμην: follow

ἔπος -ους τό: word, speech, tale; prophecy

ἑπτά: seven

ἔρανος -οῦ ὁ: a meal to which each contributed his share; loan; favor

ἐραστής -οῦ ὁ: a lover

ἐργάζομαι ἐργάσομαι εἰργασάμην --- εἴργασμαι ---: work, labor

ἐργασία -ας ἡ: work, daily labour, business, trade; prostitution

ἐργαστήριον -ου τό: a factory, workshop; brothel

ἐργάτης -ου ὁ: a worker, laborer

ἔργον -ου τό: work, achievement, exploit

ἔργω/εἴργω εἴρξω εἶρξα --- εἴργμαι εἴρχθην: shut in, imprison

Ἐρέτρια -ας ἡ: Eretria

ἐρῆμος -η -ον: bereft of (+gen.), alone

Ἑρμῆς -οῦ ὁ: Hermes; a herm

Against Neaira

Ἐροιάδης: of the deme Eroiadai

ἔρομαι ἐρήσομαι 2 aor. ἠρόμην: ask, ask one about (+double acc.)

Ἐρχιεύς: of the deme Erchia

ἔρχομαι fut. εἶμι or ἐλεύσομαι 2 aor. ἦλθον ἐλήλυθα --- ---: come, go

ἐρῶ εἴρηκα ἐρρήθην: say, tell, speak

ἐρωτάω ἐρήσομαι 2 aor. ἠρόμην: ask someone (acc.) something (acc.); question, beg

ἑστιάω: receive at one's hearth

ἐσχάρα -ας ἡ: the hearth, fire-place

ἔσχατος -η -ον: furthest, uttermost, last; extreme, severe

ἑταίρα -ας ἡ: comrade (female), companion (female), courtesan

ἕτερος -α -ον: the other (of two); other, another

ἔτι: still, yet

ἑτοῖμος -η -ον: at hand, prepared

ἔτος -ους τό: year

εὖ: well (opp. κακῶς); thoroughly, competently; happily, fortunately

Εὔβοια -ας ἡ: Euboia

Εὔβουλος -ου ὁ: Euboulos

εὐγενής -ές: well-born, generous

εὐεργεσία -ας ἡ: good deed, kindliness

εὐεργετέω: do well, do good, benefit

εὐεργέτης -ου ὁ: a well-doer, benefactor

Εὐθετίων -ωνος ὁ: Euthetion

εὐθύς -εῖα -ύ: straight, direct; (adv.) immediately

Εὐκράτης -ους ὁ: Eukrates

εὐλάβεια -ας ἡ: discretion, caution, circumspection

Vocabulary

Εὐλάκης -ους ὁ: Eualkes

Εὐμολπίδαι -ων οἱ: the genos Eumolpidai

εὔνοια -ας ἡ: good-will, benevolence, liking, affection

εὔνοος -ον: well-disposed, friendly

εὐορκέω: be faithful to one's oath

εὐπορέω εὐπορήσω: prosper, thrive, be well off

εὐπορία -ας ἡ: plenty, abundance, resource, means

εὐπρεπής -ές: good-looking, pretty

εὑρίσκω εὑρήσω 2 aor. ηὗρον or εὗρον ηὕρηκα or εὕρηκα εὕρημαι εὑρέθην: find (out), discover, devise

Εὐρυδάμας -αντος ὁ: Eurydamas

Εὐρύμαχος -ου ὁ: Eurymachos

εὐσέβεια -ας ἡ: piety, reverence towards gods/parents

εὐσεβής -ές: pious, religious, righteous

Εὐφίλητος -ου ὁ: Euphiletos

Εὐφράνωρ -ορος ὁ: Euphranor

ἔχθρα -ας ἡ: hatred, enmity

ἐχθρός -ά -όν: hated, hateful; hostile to (+dat.)

ἔχω ἕξω or σχήσω 2 aor. ἔσχον ἔσχηκα impf. εἶχον: have, hold, keep

ἕως: until; while, so long as

ζάω ζήσω ἔζησα ἔζηκα --- ---: live

Ζευξίδαμος -ου ὁ: Zeuxidamos

ζημία -ας ἡ: punishment, penalty

ζημιόω ζημιώσω ἐζημίωσα ἐζημίωκα ἐζημίωμαι ἐζημιώθην: cause loss; punish, fine

ζητέω ζητήσω ἐζήτησα ἐζήτηκα --- ἐζητήθην: seek

Against Neaira

ζῷον -ου τό: living being, animal

ἤ: or; than (after a comparative); ἤ...ἤ either...or

ἦ: truly (emphasizes what follows)

ἡβάω ἡβήσω ἥβησα ἥβηκα --- ---: be in the prime of youth

ἡγεμονία -ας ἡ: a leading the way, going first; supreme command

ἡγεμών -όνος ὁ: guide, leader, commander

ἡγέομαι ἡγήσομαι ἡγησάμην ἥγημαι --- ---: lead, be the leader; regard, believe, think

ἤδη: already, now (of the immediate past); presently (of the immediate future)

ἡδονή -ῆς ἡ: pleasure, enjoyment

ἡδύς -εῖα -ύ: sweet, pleasant

ἠίθεος -ους τό: (unmarried) youth

ἥκιστος -η -ον: least

ἥκω ἥξω --- ἧκα --- ---: I have come, I am present

Ἠλεῖος -α -ον: from Elis

ἡλικία -ας ἡ: time of life, age; generation

ἥλιος -ου ὁ: sun

ἡμέρα -ας ἡ: day

ἡμέτερος -α -ον: our

ἥμισυς -εια -υ: half

ἥσσων -ον: less, weaker (comp. of κακός or μικρός)

ἡσυχία -ας ἡ: quiet

θάλασσα -ης ἡ: the sea

θάνατος -ου ὁ: death

θαυμάζω θαυμάσομαι ἐθαύμασα τεθαύμακα τεθαύμασμαι ἐθαυμάσθην: be in awe (of), be astonished (at)

Vocabulary

θεάομαι θεάσομαι ἐθεασάμην --- τεθέαμαι ἐθεάθην: look on, behold, view

θεῖος -α -ον: divine

θεογενής -ές: begotten by a god

Θεογένης -ους: Theogenes

θεοίνια -ας ἡ: festival of wine

Θεόμνηστος -ου: Theomnestos

θεός -οῦ ὁ/ἡ: god, goddess

θεράπαινα -ης ἡ: a female servant, enslaved woman

θεραπεία -ας ἡ: a waiting on, service

θεραπεύω θεραπεύσω ἐθεράπευσα τεθεράπευκα τεθεράπευμαι ἐθεραπεύθην: be attendant, serve

Θερμοπύλαι -ῶν αἱ: Thermopylai

θεσμοθετέω: be a θεσμοθέτης, one of the archons

θεσμοθέτης -οῦ ὁ: a lawgiver; at Athens, οἱ θεσμοθέται = the six junior archons

Θεσσαλία -ας ἡ: Thessaly

Θεσσαλός -ά -όν: Thessalian

θεωρικός -ά -όν: festive

Θῆβαι -ων αἱ: Thebes

Θηβαῖος -η/-α -ον: Theban

Θησεύς -έως ὁ: Theseus, Theseus, national hero of Athens and Attica

θνῄσκω θανοῦμαι 2 aor. -έθανον τέθνηκα --- ---: die, be dying

Θρᾷττα -ας ἡ: Thratta

θυγάτηρ θυγατρός ἡ: daughter

θυμός -οῦ ὁ: life, spirit; soul, heart, mind

θυσία -ας ἡ: sacrifice, sacrificial rite, sacred ceremony

θύω θύσω ἔθυσα τέθυκα τέθυμαι ἐτύθην: sacrifice

Against Neaira

ἴδιος -α -ον: one's own; peculiar, separate, distinct

ἱέρεια -ας ἡ: priestess

ἱερεῖρον -ου τό: sacrificial victim

ἱεροκῆρυξ -υκος: herald at a sacrifice

ἱερόν -οῦ τό: temple

ἱερός -ά -όν: holy, venerated, divine

ἱεροφάντης -ου ὁ: a hierophant, a priest who teaches the rites of sacrifice and worship, an initiator in the mysteries

ἱερωσύνη -ης ἡ: priesthood

ἵημι ἥσω ἧκα -εἷκα εἷμαι -εἵθην: put in motion, let go, shoot; (mid.) hasten, rush

ἱκανός -ή -όν: sufficient, enough; competent, able to (+infin.)

ἱκετεύω ἱκετεύσω ἱκέτευσα ἱκέτευκα --- ---: approach as a suppliant

ἱμάτιον -ου τό: a cloak, mantle, outer garment

Ἴμβρος -ου ἡ: Imbros

ἵνα: in order that (conj. +subj. or opt.); where (rel. adv. +indic.)

Ἰοβάκχεια -ας ἡ: festival in honor of Bakchos

Ἵππαρχος -ου ὁ: Hipparchos

ἱππεύς -έως ὁ: horseman, rider, charioteer

Ἱππίας (Ion. Ἱππίης) -ου ὁ: Hippias

Ἱπποκράτης -ους ὁ: Hippokrates

ἵππος -ου ὁ: horse

Ἰσθμιάς -αδος ἡ: Isthmias

ἴσος -η -ον: equal, the same as (+dat.)

ἵστημι στήσω (will set) ἔστησα (set, caused to stand) 2 aor. ἔστην (stood) ἕστηκα (stand) plup. εἰστήκη (stood) ἔσταμαι (stood) ἐστάθην (stood): make to stand, set, stand

Vocabulary

ἰσχυρός -ά -όν: strong

ἴσως: equally, probably, perhaps

Ἰωνία -ας ἡ: Ionia

κἀγαθός: crasis for καὶ ἀγαθός

καδίσκος -ου ὁ: a voting urn

καθά: just as

καθάπαξ: once for all

καθαρεύω: be clean

καθαρός -ά -όν: pure

καθέζομαι καθεδοῦμαι/καθεδήσομαι --- --- κάθημαι ἐκαθέσθην: sit down, take one's seat

καθεύδω (imperf. ἐκάθευδον or καθηῦδον) καθευδήσω --- --- --- ---: lie down to sleep, sleep

καθήκω καθήξω καθῆξα καθῆκα --- ---: have come; suit, belong to, be one's duty

κάθημαι (impf. ἐκαθήμην) καθήσομαι: be seated, sit; reside

καθίστημι καταστήσω κατέστησα κατέστην καθέστηκα plupf. καθειστήκη καθέσταμαι κατεστάθην: set down, establish; bring into a certain state, render

καί: and, also, even; καί...καί both...and

καινοτομέω: open a new vein (in mining); innovate

καιρός -οῦ, ὁ: the right time

καίτοι (καί-τοι): and indeed, and yet

κακός -ή -όν: bad, wicked, cowardly

καλέω καλῶ ἐκάλεσα κέκληκα κέκλημαι ἐκλήθην: call, summon

κάλλιστος -η -ον: finest

Καλλιστράτος -ου ὁ: Kallistratos

καλός -ή -όν: beautiful, noble, honorable

κάμνω καμοῦμαι ἔκαμον κεκήμακα --- ---: work, labor, win by toil

κἄν (καί-ἄν): even if (+subj.)

κανοῦν -οῦ τό: basket

καρπόω καρπώσω ἐκάρπωσα --- κεκάρπωμαι ἐκαρπώθην: use, enjoy, harvest crops from, reap a profit from (+acc.)

κατά: down, down (from or along), throughout, according to; κατὰ γῆν by land; κατὰ φύσιν in accordance with nature; κατ' ἔθνη by nations; καθ' ἕνα one by one.

καταβαίνω καταβήσομαι κατέβην καταβέβηκα --- ---: step down, go down, come down from

καταβάλλω καταβαλῶ κατέβαλον καταβέβληκα καταβέβλημαι κατεβλήθην: pay down

καταβολή -ῆς ἡ: installment, payment

κατάγω κατάξω κατήγαγον καταγήοχα κατῆγμαι κατήχθην: (mid.) turn in and lodge (at someone's house)

καταλαμβάνω καταλήψομαι κατέλαβον κατείληφα κατείλημμαι κατελήφθην: seize, catch up with, arrest, compel

καταλείπω καλλείψω κάλλιπον καταλέλοιπα καταλέλειμμαι κατελείφθην: leave behind

καταλύω καταλύσω κατέλυσα καταλέλυκα καταλέλυμαι κατελύθην: put an end to, dissolve, destroy

καταμαρτυρέω: bear witness against

κατανέμω: distribute, allot, assign

καταξιόω: deem worthy

καταπολεμέω: war down, defeat utterly

κατασκευάζω κατασκευάσω κατεσκεύασα: equip, furnish, make ready

κατατίθημι καταθήσω κατέθηκα κατατέθηκα κατατέθειμαι κατατέθην: put down; pay (money); (mid.) lay aside, store up

καταφανής -ές: visible, in view; clear, manifest

καταφρονέω καταφρονήσω κατεφρόνησα καταπεφρόνηκα καταπεφρόνημαι

Vocabulary

κατεφρονήθην: disdain, scorn, despise

κατεγγυάω: make [someone] give security, make responsible

κατεῖδον (aor. of καθοράω): behold, discern

κατηγορέω κατηγορήσω κατηγόρησα κατηγόρηκα κατηγόρημαι κατηγορήθην: speak against, accuse (+gen.)

κατηγορία -ας ἡ: an accusation, charge

κεῖμαι κείσομαι: lie, be situated, be laid up in store, be set up, be established or ordained (used as pf. pass. of τίθημι)

Κειριάδης: of the deme Keiriadai

κελεύω κελεύσω ἐκέλευσα κεκέλευκα κεκέλευσμαι ἐκελεύσθην: order, bid, command (+acc. and infin.)

Κεραμεῖς -ων οἱ: the deme Kerameis

Κεφαλή -ῆς ἡ: Kephale

κεφαλή -ῆς, ἡ: head

Κέφαλος -ου ὁ: Kephalos

κηδεστής -οῦ ὁ: son-in-law; father-in-law; brother-in-law; kinsman

κηδεύω κηδεύσω ἐκήδευσα --- κεκήδευμαι ἐκηδεύθην: ally oneself in marriage with (+dat.)

Κηφισιεύς: of the deme Kephisia

Κηφισοφῶν -όντος ὁ: Kephisophon

κινδυνεύω κινδυνεύσω ἐκινδύνευσα κεκινδύνευκα κεκινδύνευμαι ἐκινδυνεύθην: risk

κίνδυνος -ου, ὁ: danger

κινέω κινήσω ἐκίνησα κεκίνηκα κεκίνημαι ἐκινήθην: set in motion, move, rouse

κλαίω/κλάω κλαύσομαι/κλαήσω ἔκλαυσα --- κέκλαυμαι/κέκλαυσμαι ἐκλαύσθην: (mid.) bewail oneself

Κλεινόμαχος -οῦ ὁ: Kleinomachos

κληρονόμος -ου ὁ: an heir

κλητεύω: summon into court

κοινός -ή -όν: common, shared, mutual

κοινωνέω: have a share, take part in

Κοκκαλίνη -ης ἡ: Kokkalina

κολάζω κολάσω ἐκόλασα κεκόλακα κεκόλαμαι ἐκολάσθην: chastise, punish

Κολωνῆθεν: from the deme Kolonai

κομιδῇ: completely, altogether

κομίζω κομιῶ ἐκόμισα κεκόμικα κεκόμισμαι ἐκομίσθην: take care of, provide for

Κορίνθιος -α -ον: Corinthian

Κόρινθος -ου ὁ/ἡ: Corinth

κόσμιος -α -ον: well-ordered, regular, moderate

κοσμιότης -ητος: propriety, decorum

κόσμος -ου ὁ: order; ornament, decoration, adornment; world, universe

κρατέω κρατήσω ἐκράτησα κεκράτηκα κεκράτημαι ἐκρατήθην: be victorious, conquer, rule, surpass, excel (+gen.)

κράτος -ους τό: might, power

κρείσσων -ον: stronger, mightier; better, more excellent (comp. of ἀγαθός)

Κρής Κρητός ὁ: a Cretan

κρίνω κρινῶ ἔκρινα κέκρικα κέκριμαι ἐκρίθην: judge, decide, determine

Κριτόδημος -ου ὁ: Kritodemos

κρύβδην: secretly

κτάομαι κτήσομαι ἐκτησάμην κέκτημαι --- ---: get, gain, acquire

κτείνω κτενῶ ἔκτεινα ἀπέκτονα --- ---: kill

Κτήσιππος -ου ὁ: Ktesippos

Vocabulary

Κτήσων -ωνος ὁ: Kteson

Κυδαθηναιεύς: of the deme Kydathenaion

Κυδαντίδης: of the deme Kydantidai

κυέω κυήσω ἐκύησα κεκύηκα κεκύημαι ἐκυήθην: bear in the womb, to be pregnant with

κύκλος -ου ὁ: circle, ring, orb, disc, circular motion

κυνέη -ης ἡ: a dog skin; cap, helmet, acc. κυνᾶς

Κυρηναῖος -α -ον: of Cyrene

κύριος -ου ὁ: lord, master

Κωλιάς -άδος ἡ: Kolias

κωλύω κωλύσω ἐκώλυσα κεκώλυκα κεκώλυμαι ἐκωλύθην: hinder, check, prevent (+acc. and infin.)

κωμάζω: go about with a party of revelers, revel, make merry

κῶμος -ου ὁ: a village festival, revel

λαγχάνω λήξομαι ἔλαχον εἴληχα --- ---: obtain (an office) by lot; file suit (absol. and with δίκην)

Λακεδαιμόνιος -α -ον: Spartan

Λακιάδης: of the deme Lakiadai

Λακωνίζω: imitate the Lacedaemonians

λαλέω λαλήσω ἐλάλησα λελάληκα ἐλαλήθην: talk, chatter, babble

λαμβάνω λήψομαι ἔλαβον εἴληφα εἴλημμαι ἐλήφθην: take, grasp, seize; receive, get

λαμπρός -ά -όν: bright, brilliant; well-known, illustrious

Λαμπτρεύς: of the deme Lamptrai

λανθάνω λήσω ἔλαθον λέληθα --- ---: escape the notice of (+acc. and nom. participle), be unknown; (mid. and pass.) forget

λαός -οῦ ὁ: the people, folk

Λαρισαῖος (or Λιρισαῖος) -ου ὁ: Larissaean; as adj., of or from Larissa

λέγω ἐρῶ εἶπον εἴρηκα λέλεγμαι ἐλέχθην and ἐρρήθην: say, speak (of), recount; pick up, collect, count

λείπω λείψω ἔλιπον λέλοιπα λέλειμμαι ἐλείφθην: leave, abandon

λειτουργέω λειτουργήσω: serve public offices at one's own cost

λειτουργία -ας ἡ: a liturgy; a service, obligation

Λεοντιάδης -ου ὁ: Leontiades

Λευκάδιος -ου ὁ: an inhabitant of Leukas

Λεῦκτρα -ων τά: Leuktra

Λῆμνος -ου ἡ: Lemnos

λίθινος -α -ον: of stone

λίθος -ου ὁ: stone

λίμνη -ης ἡ: pool, swamp, marsh

λογίζομαι λογιζιοῦμαι ἐλογισάμην λελόγισμαι λελόγισμαι ἐλογίσθην: count, reckon

λογισμός -οῦ ὁ: counting, calculation

λόγος -ου ὁ: word, speech, discourse; thought, reason, account

λοιπός -ή -όν: rest, remaining, rest-of-the

Λοκρός -ου ὁ: a Lokrian

λυμαίνω: damage; (mid.) soil, dishonor, outrage, offend

Λυσίας -ου ὁ: Lysias

Λυσίμαχος -ου ὁ: Lysimachos

Λύσιππος -ου ὁ: Lysippos

λυσιτελέω λυσιτελήσω: bring profit, gain

λύω λύσω ἔλυσα λέλυκα λέλυμαι ἐλύθην: loosen, unbind, set free; undo, destroy

μάγειρος -ου ὁ: a cook

Vocabulary

Μαγνησία -ας ἡ: Magnesia

μακρός -ά -όν: long, tall, large, long-lasting

μάλα: very, very much

Μαλιεύς: Malian

μάλιστα: most, most of all; (in replies) certainly

μᾶλλον: more, rather; μᾶλλον...ἤ rather than

μανθάνω μαθήσομαι ἔμαθον μεμάθηκα --- ---: learn, ascertain

Μαραθών -ῶνος ὁ: Marathon

Μαρδόνιος -ου ὁ: Mardonios

μαρτυρέω μαρτυρήσω ἐμαρτύρησα μεμαρτύρηκα μεμαρτύρημαι ἐμαρτυρήθην: witness to

μαρτυρία -ας ἡ: witness, testimony, evidence

μάρτυς -υρος ὁ/ἡ: witness

μάχη -ης ἡ: battle

μάχομαι μαχοῦμαι ἐμαχεσάμην --- μεμάχημαι ---: fight (against) (+dat.)

μεγαλοπρεπής -ές: benevolent, generous; magnificent

Μέγαρα -ων τά: town of Megara

Μεγαρεύς -έως ὁ: a citizen of Megara

μέγας μεγάλη μέγα: big, great, powerful

μέγεθος -ους, τό: greatness, size, magnitude

μεθύω μεθύσω ἐμέθυσα --- μεμέθυσμαι ἐμεθύσθην: be drunken with wine

μείς μηνός ὁ: month

Μελιτεύς: of the deme Melite

μέλλω μελλήσω ἐμέλλησα: (+infin.) think of doing, intend to, be about to

μέλω μελήσω ἐμέλησα μεμέληκα --- ---: be an object of care or interest

Against Neaira

μέν...δέ: on the one hand...on the other hand (often untranslated); μέν (by itself) indeed

μέντοι: however; of course

μένω μενῶ ἔμεινα μεμένηκα --- ---: stay, remain, endure, await

μέρος -ους τό: part, share

μέσος -η -ον: middle, in the middle, moderate; τὸ μέσον midst

μετά: with (+gen.); after (+acc.)

μεταδίδωμι μεταδιαδώσω: give a share of, give access to

μεταλαμβάνω: have or get a share of

Μετάνειρα -ας ἡ: Metaneira

μεταξύ: between

μεταπέμπω μεταπέμψω μετέπεμψα μεταπέπομφα μεταπέπεμμαι μετεπέμφθην: summon

μέτειμι μετέσομαι: be among; (impers.) touch, pertain to someone (+dat.); have a share in (+gen.)

μετέχω μεθέξω μετέσχον μετέσχηκα --- ---: partake of, share in, have access to + gen.

μέτριος -α -ον (-ος -ον): within measure, moderate

μέχρι (+gen.): until; (prep.) as far as, up to (+gen.)

μή: not (marks the negative as subjective or conditional); εἰ μή if not, except

μηδαμοῦ: nowhere

μηδέ: and not

Μήδειος -α -ον: Mede

μηδείς μηδεμία μηδέν: no one, nothing

μηδίζω: be a Mede in language, side with the Medes and Persians

Μῆδος -ου ὁ: a Mede, Median

μήν: [emphasizes preceding particle]

Vocabulary

μήπω: not yet

μήτε...μήτε: neither...nor

μήτηρ μητρός ἡ: mother

μηχανή -ῆς ἡ: device

μίασμα -ατος τό: stain, defilement

μίγνυμι μείξω ἔμειξα --- μέμειγμαι ἐμείχθην: mix, mingle

μικρολόγος -όν: meticulous, quibbling; miserly

μικρός -ά -όν: small, little, short

μιμνήσκω -μνήσω -έμνησα --- μέμνημαι ἐμνήσθην: remind; (in pf. mid.) remember

μισθαρνέω --- ἐμισθάρνησα μεμισθάρνηκα --- ---: work for hire

μισθός -οῦ ὁ: wages, pay, hire

μισθόω: hire for pay; let out for hire, farm out, let

μῖσος -ους or -εος τό: hate, hatred

Μίτυς -υος ὁ: Mitys

μνᾶ -ᾶς ἡ: mna=100 drachmas=1/60 talent

μνεία -ας ἡ: remembrance, memory

μνῆμα -ατος τό: remembrance, memory

μνημονεύω μνημονεύσομαι ἐμνημονευσάμην μεμνημόνευκα μεμνημόνευμαι ἐμνημονεύθην: call to mind, remember, think

μνημονικός -ά -όν: of or for remembrance or memory, of good memory; adv. -κῶς from a well-stored memory, accurately and fully

μνησικακέω μνησικακήσω ἐμνησικάκησα: remember wrongs done one, remember past injuries

μοιχεύω μοιχεύσω ἐμοίχευσα --- μεμοίχευμαι ἐμοιχεύθην: commit adultery with a woman

μοιχός -οῦ ὁ: an adulterer, paramour, debaucher

μόλις: with difficulty; scarcely; reluctantly

μόνον: only

μόνος -η -ον: alone, single

μυέω: initiate into the mysteries

μυρίος -α -ον: countless; μύριοι 10,000; μυριάς -άδος ἡ 10,000, a countless amount

μυστήριον -ου τό: a secret rite, mystery

ναί: indeed, yes (used in strong affirmation)

ναός (νεώς) ναοῦ (νεώ) ὁ: temple

Ναυκλείδης -ου: Naukleides

ναυμαχέω ναυμαχήσω ἐναυμάχησα: fight by sea

ναυμαχία -ας ἡ: sea battle, lit. ship-fight

ναῦς νεώς ἡ: ship

Ναυσίνικος -ου ὁ: Nausinikos

Ναυσίφιλος -ου ὁ: Nausiphilos

Νέαιρα -ας ἡ: Neaira

νεάνισκος -ου ὁ: youth, young man

νέμω νεμῶ ἔνειμα νενέμηκα νενέμημαι ἐνεμήθην: distribute

νέος -α -ον: young, new, fresh

νεώτερος -α -ον: younger

νηποινεί: with impunity

νῆσος -ου ἡ: island

Νικαρέτη -ης ἡ: Nikarete

νικάω νικήσω ἐνίκησα νενίκηκα νενίκημαι ἐνικήθην: conquer, win

νίκη -ης, ἡ: victory

Νίκιππος -ου ὁ: Nikippos

Vocabulary

νομίζω νομιῶ ἐνόμισα νενόμικα νενόμισμαι ἐνομίσθην: think, believe that (+acc. and infin.); hold as a custom, be accustomed to (+infin.)

νόμιμος -η -ον: customary, lawful

νόμος -ου ὁ: custom, tradition, law

νόσημα -ατος τό: a sickness, disease, plague; an evil

νόσος -ου ὁ: disease, sickness

νοῦς (νόος) νοῦ (νόου) ὁ: mind, perception, sense

νῦν, νυνί: now

νύξ νυκτός, ἡ: night

Ξάνθιππος -ου ὁ: Xanthippos

ξένη -ης ἡ: a female guest, a foreign woman

ξενία -ας ἡ: guest-friendship

Ξεννίς -ίδος ἡ: Xennis

Ξενοκλείδης -ου ὁ: Xenokleides

ξένος -ου ὁ: guest-friend; foreigner, stranger

Ξέρξης -ου ὁ: Xerxes, king of Persia

Ξυπεταιών: of the deme Xypete

ὁ ἡ τό: the

ὀβολός -οῦ ὁ: an obol

ὄγδοος -η -ον: eighth

ὅδε ἥδε τόδε: this

ὁδός -οῦ ἡ: road, way, path

ὅθεν: from where, whence

οἷ: to where

οἶδα, infin. εἰδέναι, imper. ἴσθι, plupf. used as impf. ᾔδειν: to know (pf. in pres. sense); to know how to (+infin.)

Against Neaira

οἰκεῖος -α -ον: domestic, of the house; one's own; fitting, suitable

οἰκέτης -ου ὁ: servant

οἰκέω οἰκήσω ᾤκησα ᾤκηκα --- ᾠκήθην: inhabit, occupy

οἴκησις -εως ἡ: the act of dwelling, habitation

οἰκία -ας ἡ: building, house, dwelling

οἰκίδιον -ου τό: a small house, cabin

οἶκος -ου, ὁ: house, home, family

οἰκουρέω: stay home, keep house

οἴομαι or οἶμαι (impf. ᾤμην) οἰήσομαι aor. ᾠήθην: think, suppose, imagine (+acc. and infin.)

οἷος -α -ον: such as, of what sort, like, (exclam.) what a!, how! ; οἷός τε (+infin.) fit or able to; οἷόν τε (+infin.) it is possible to

Οἰταῖος -α -ον: of Mount Oite

οἴχομαι οἰχήσομαι --- --- --- ---: be gone, have gone

ὀκτώ: eight

ὀλίγος -η -ον: little, small, few

ὀλίγωρος -ον: little-caring, scornful, contemptuous; negligent

ὄλλυμι ὀλῶ ὤλεσα (or ὠλόμην) ὀλώλεκα (or ὄλωλα) --- ---: destroy, lose

ὅλος -η -ον: whole, entire, complete

Ὀλύνθιος -α -ον: Olynthian, of Olynthos

Ὄλυνθος -ου ὁ: Olynthos

ὄμνυμι (or ὀμνύω) ὀμοῦμαι ὤμοσα ὀμώμοκα ὀμώμο(σ)μαι ὠμόθην: swear

ὁμογνώμων -ον: of the same opinion, like-minded

ὅμοιος -α -ον: like, resembling (+dat.)

ὁμοίως: similarly

ὁμολογέω ὁμολογήσω ὡμολόγησα ὡμολόγηκα ὡμολόγημαι ὡμολογήθην: agree with, say the same thing as (+dat.)

Vocabulary

ὅμως: still, nevertheless, all the same, notwithstanding

ὀνειδίζω ὀνειδιῶ ὠνείδισα ὠνείδικα ὠνειδίσθην: reproach, berate

ὄνομα -ατος τό: name; fame

ὀνομάζω ὀνομάσω ὠνόμασα ὠνόμακα ὠνόμασμαι ὠνομάσθην: call by name

ὀξύς -εῖα -ύ: sharp, keen, shrill, pungent

ὅπλον -ου τό: weapon, tool, implement (mostly pl.)

ὁπόσος -η -ον: as many as, as great as

ὁπόταν: (+subj.) whenever

ὁπότε: when

ὅπου: where, wherever

ὅπως: how, as; so that, in order that (+subj. or opt.)

ὁπωσοῦν: in any way whatsoever

ὁράω (impf. ἑώρων) ὄψομα 2 aor. εἶδον ἑόρακα and ἑώρακα ἑώραμαι or ὦμμαι ὤφθην: see, look (to)

ὀργή -ῆς ἡ: natural impulse, temperament; anger

ὀργίζω ὀργιῶ ὤργισα --- ὤργισμαι ὠργίσθην: make angry, provoke to anger, irritate; (mid.) become angry, be angry at (+dat.)

ὀργίλος -η -ον: prone to anger, irascible

ὀρθός -ή -όν: upright, straight, true, regular

ὅρκος -ου ὁ: oath

ὁρμάω ὁρμήσω ὥρμησα ὥρμηκα ὥρμημαι ὡρμήθην: set in motion, urge on; (intrans.) start, hasten on

ὄρος -ους τό: mountain, hill

ὅς ἥ ὅ: who, which, that

ὅσιος -α -ον: holy, pious

ὅσος -η -ον: however much; as great as; (in pl.) as many as; ὅσον (adv.) as much as ὅσπερ ἥπερ ὅπερ: the very one who, the very thing which

ὅστις ἥτις ὅ τι: anyone who, anything which; (in indir. quest.) who, which, what

ὅταν (ὅτε-ἄν): whenever (+subj.)

ὅτε: when, whenever (+indic. or opt.)

ὅτι: because, that; (with superl.) as...as possible

οὐ, οὐκ, οὐχ: not (with indicative verbs)

οὐδέ: and not, but not, nor; οὐδέ...οὐδέ not even...nor yet

οὐδείς οὐδεμία οὐδέν: no one, nothing

οὐκέτι: no longer, no more

οὐκοῦν: surely then (inviting assent to an inference)

οὖν: therefore, accordingly; at any rate

οὐρανός -οῦ ὁ: sky, heaven

οὐσία -ας ἡ: substance, property; essence

οὔτε...οὔτε: neither...nor

οὗτος αὕτη τοῦτο: this, these; μετὰ ταῦτα after this

οὕτως: in this way

ὀφείλω ὀφειλήσω ὤφελον ὠφείληκα --- ὠφειλήθην: owe, be obliged

ὀφθαλμός -οῦ ὁ: eye

ὄφλημα -ατος τό: a fine assessed in a lawsuit

ὀφλισκάνω ὀφλήσω ὦφλον ὤφληκα --- ---: owe, be liable to pay

ὄψις -εως ἡ: sight, appearance

πάγος -ου ὁ: rock; frost, solid

πάθος -ους τό: incident, accident, misfortune, experience; passion, emotion; state, condition

Παιανιεύς: of the deme Paiania

Vocabulary

παιδάριον -ου τό: a young, little boy

παιδεύω παιδεύσω ἐπαίδευσα πεπαίδευκα πεπαίδευμαι ἐπαιδεύθην: educate

παιδίον -ου τό: a child

παιδίσκη -ης ἡ: a young girl, maiden

παιδοποιέω: beget children

παῖς παιδός ὁ/ἡ: son, daughter, child; slave

πάλαι: long ago, once upon a time

παλαιός -ά -όν: old, ancient

πάλιν: back, backwards; again

Παλλάδιον -ου τό: a court of the ἐφέται at Athens

παλλακή -ῆς ἡ: concubine, mistress

Παναθήναια -ων τά: the Panathenaia

πανδημεί: in full force

πανταχοῖ: in every direction, every way

πανταχοῦ: everywhere

παντελής -ές: all-complete, absolute

παντοδαπός -ή -όν: of every kind, of all sorts, manifold

πάντως: altogether, in all ways; at any rate

πάνυ: altogether, entirely

παρά: from (+gen.); beside (+dat.); to, to the side of, contrary to (+acc.)

παραβαίνω παραβήσομαι παρέβην παραβέβηκα παραβέβαμαι παρεβάθην: go beside; transgress

παραβοάω: shout beside

παραγίγνομαι παραγενήσομαι παρεγενόμην παραγέγονα παραγεγένομαι ---: be beside, be near, be present

παραδίδωμι παραδώσω παρέδωκα παραδέδωκα παραδέδομαι παρεδόθην: transmit, hand over, surrender παρακαλέω παρακαλῶ παρεκάλεσα παρακέκληκα παρακέκλημαι παρεκλήθην: urge, encourage

παρακαταθήκη -ης ἡ: a deposit of money or property entrusted to one's care

παρακολουθέω: follow beside, follow closely

παραλαμβάνω παραλήψομαι παρέλαβον παρείληφα παρείλημμαι παρελήφθην: to take, capture; take with oneself, associate to oneself (+acc.); receive from, succeed to, entertain

παρανομέω: transgress the law, act unlawfully

παράνομος -ον: acting contrary to law, lawless

παρασκευάζω, παρασκευάσω, παρεσκεύασα: get ready, prepare, provide

παρασκευή -ῆς ἡ: preparation

παρατάσσω: place side by side, draw up in battle-order

παρατίθημι παραθήσω παρέθηκα παρατέθηκα --- παρετέθην: place beside, provide, set before

παρεδρεύω: sit beside, assist

παρεδρία -ας ἡ: assistance, service

πάρεδρος -ου ὁ: one who sits beside, an assistant

πάρεδρος -ον: sitting beside; assistant

πάρειμι: be present, be ready or at hand; (impers.) πάρεστί μοι it depends on me, it is in my power; τὰ παρόντα the present circumstances; τὸ παρόν just now

παρέχω (impf. παρεῖχον) παρέξω παρέσχον παρέσχηκα παρέσχημαι: provide, present, offer; allow, grant

παρθένος -ου ἡ: maiden, girl, virgin

παρρησία -ας ἡ: freespokenness, openness, frankness

πᾶς πᾶσα πᾶν: every, all; whole (with article)

Πασίων -ωνος ὁ: Pasion

πάσχω πείσομαι ἔπαθον πέπονθα --- ---: suffer, experience, be affected in a certain way (+adv.)

Vocabulary

πατάσσω πατάξω ἐπάταξα --- πεπάταγμαι ἐπατάχθην: beat, knock

πατήρ πατρός, ὁ: father

πάτριος -α -ον: of or belonging to one's father, paternal; ancestral, hereditary

πατρίς -ίδος ἡ: fatherland

Παυσανίας -ου ὁ: Pausanias

παύω παύσω ἔπαυσα πέπαυκα πέπαυμαι ἐπαύθην: stop, put an end to; (mid.) cease

Πειθόλαος -ου ὁ: Peitholaos

πείθω πείσω ἔπεισα πέποιθα πέπεισμαι ἐπείσθην: persuade, win over; (mid. and pass.) obey, believe in, trust in (+dat.)

πεῖρα -ας ἡ: attempt; assault

πειράω (usually mid. πειράομαι) πειράσομαι ἐπείρασα πεπείρακα πεπείραμαι ἐπειράθην: attempt, try, make a trial of (+gen.)

Πελοποννήσιος -α -ον: Peloponnesian (of people)

Πελοπόννησος -ου ἡ: the Peloponnesus

πεμπτός -ή -όν: fifth

πέμπω πέμψω ἔπεμψα πέπομφα πέπεμμαι ἐπέμφθην: send

πένης -ητος ὁ: laborer, poor man

πεντακόσιοι -αι -α: five hundred

πέντε: five

πεντεκαίδεκα: fifteen

πεντήκοντα: fifty

πεντηκοστός -α -ον: fiftieth

περ: [enclitic added to pronouns and other particles for emphasis]

περί: around, about; concerning (+gen.)

περιγίγνομαι περιγενήσομαι περεγενόμην περιγέγονα περιγεγένημαι περιεγενήθην: be superior to; survive περίειμι περιέσομαι: be left over, be surplus

περικαθέζομαι: sit down round; besiege (a walled city)

περίοδος -ου ὁ: a going around, circuit

περιοράω περιόψομαι περιεῖδον περιεόρᾱκα περιῶμμαι περιώφθην: allow

περιουσία: remainder, excess

περιπίπτω περιπεσοῦμαι περέπεσον: fall in with, meet, suffer (+dat.); fall into (+ dat.), be caught in

περιποιέω περιποιήσω περιεποίησα περιπεποίηκα περιπεποίημαι περιεποιήθην: (mid.) save for oneself

περιτειχίζω: wall all round

περιτείχισμα -ατος τό: a fortification wall

περιφανής -ές: visible from all sides; manifest, clear; adv. -νῶς conspicuously, notably, evidently

πίνω πίομαι 2 aor. ἔπιον πέπωκα -πέπομαι -επόθην: drink

πιπράσκω πωλήσω/ἀποδώσομαι ἀπεδόμην πέπρακα πέπραμαι ἐπράθην: sell

πίπτω πεσοῦμαι ἔπεσον πέπτωκα --- ---: fall, fall down

πιστεύω πιστεύσω ἐπίστευσα πεπίστευκα πεπίστευμαι ἐπιστεύθην: trust, rely on, believe in (+dat.)

πίστις -εως, ἡ: trust in others, faith; that which gives confidence, assurance, pledge, guarantee

πιστός -ή -όν: faithful, trustworthy, true

Πλαταιαί -ῶν αἱ: Plataia

Πλαταιεῖς -έων οἱ: Plataians, Attic nom. Πλαταιῆς, acc. -ᾱς

Πλαταιεύς: of Plataia, Plataian

πλεῖστος -η -ον: most, greatest, largest (superl. of πολύς)

πλέον: more, rather

πλέω πλεύσομαι ἔπλευσα πέπλευκα πέπλευσμαι ἐπλεύσθην: sail

Vocabulary

πλέων -ον: more, larger (comp. of πολύς)

πληγή -ῆς ἡ: blow, stroke

πλῆθος -ους τό: mass, throng, crowd; number

πλήν: (prep.) except (+gen.); (conj.) except that, unless, but

πλησιάζω πλησιάσω ἐπλησίασα πεπλησίακα --- ἐπλησιάσθην: draw near; consort with, have sexual intercourse with (+dat.)

πλούσιος -α -ον: wealthy, opulent

πνεῦμα -ατος τό: wind, breath, spirit

ποι: to somewhere

ποιέω ποιήσω ἐποίησα πεποίηκα πεποίημαι ἐποιήθην: make, produce, cause, do; (mid.) consider, reckon

ποίησις -εως ἡ: a making, creation

ποιητής -οῦ ὁ: creator, poet

ποικίλος -η -ον: many colored, spotted, mottled

ποῖος -α -ον: what sort of?

πολεμαρχέω: be Polemarch

πολέμαρχος -ου ὁ: commander in war, general, leader; at Athens, the third archon

πολεμέω πολεμήσω ἐπολέμησα πεπολέμηκα πεπολέμημαι ἐπολεμήθην: make war

πολέμιος -α -ον: hostile; οἱ πολέμιοι the enemy

πόλεμος -ου ὁ: war

πολιορκέω πολιορκήσω ἐπολιόρκησα πεπολιόρκηκα πεπολιόρκημαι ἐπολιορκήθην: besiege

πόλις -εως ἡ: city, city-state

πολιτεία -ας ἡ: constitution, citizenship, republic

πολίτης -ου ὁ: citizen, freeman

Against Neaira

πολῖτις -ιδος ἡ: female citizen

πολλάκις: often

πολυάνθρωπος -ον: full of people, populous

πολύς πολλή πολύ: much, many; ὡς ἐπὶ τὸ πολύ for the most part

πολυτελής -ές: very expensive, very costly

πονηρία -ας ἡ: fault; wickedness

πονηρός -ά -όν: worthless, bad, wicked

πόνος -ου ὁ: work, labor; stress, trouble, pain

πορεύω πορεύσω ἐπόρευσα πεπόρευμαι ἐπορεύθην: carry; (mid. and pass.) go, walk, march

πορθέω πορθήσω --- --- --- ---: destroy, sack

πορνεύω: mostly in Pass., of a woman, prostitute herself, be or become a prostitute

πόρνη -ης ἡ: a prostitute

πορνοβοσκέω: keep a brothel

πορνοβοσκός -οῦ: a brothel-keeper

ποταμός -οῦ ὁ: river, stream

πότε: when?

ποτε (enclitic): at some time, ever, in the world

πότερος -α -ον: which of the two?

πότερον: whether

που: (enclitic) somewhere; I suppose, perhaps (to qualify an assertion)

ποῦ: where

πούς ποδός ὁ: foot

πρᾶγμα -ατος τό: thing; (pl.) circumstances, affairs, business

πραγματεία -ας ἡ: event, labor, obligation

Vocabulary

πρᾶξις -εως ἡ: action, transaction, business

πράσσω πράξω ἔπραξα πέπραχα πέπραγμαι ἐπράχθην: do, achieve, accomplish; do or fare in a certain way (+adv.)

πρέσβυς -εως ὁ: old man; (pl.) ambassadors

πρεσβύτερος -α -ον: older

πρίαμαι/ὠνέομαι ὠνήσομαι/ὠνηθήσομαι ἐπριάμην/ἐωνήθην ἐώνημαι: buy

πρίν: before, until

πρό: before, in front of (+gen.)

προαγορεύω --- προηγόρευσα προηγόρευκα προηγόρευμαι ---: tell beforehand

προαιρέω προαιρήσω προεῖλον προῄρηκα προῄρημαι προῃρέθην: (mid.) prefer

Προβαλίσιος -α -ον: of the deme Probalinthos

προβούλευμα -ατος τό: a preliminary motion framed by the Athenian Boule (Senate, Council), to be referred for consideration by the full Ekklesia (Assembly)

πρόγονος -ου ὁ: ancestor

προδιηγέομαι: relate beforehand, premise

προεῖπον (aor. of προλέγω): make a proclamation against (+dat.)

προέρχομαι προεῖμι προῆλθον προελήλυθα --- ---: go forward, go on, advance

προίημι προήσω προῆκα προεῖκα προεῖμαι προείθην: (mid.) desert, give up, abandon

προίξ προικός ἡ: gift; dowry

προΐστημι προστήσω προΰστησα προέστηκα προέσταμαι προεστάθην: set in front; (mid.) choose as one's leader or protector

προκαλέω προκαλέσω/προκαλῶ προεκάλεσα προκέκληκα προκέκλημαι προεκλήθην: challenge; (law-term) make an offer or challenge to the opponent for bringing about a decision, e.g. for submitting the case to arbitration, letting slaves be put to the torture, etc.

πρόκλησις -εως ἡ: a calling forth, challenging, challenge

Against Neaira

πρόκριτος -ον: preselected, chosen

πρόνοια -ας ἡ: foresight, care

Πρόξενος -ου ὁ: Proxenos

προπετής -ές: fallen forward; reckless, out of control

προπηλακίζω προπηλακιῶ προυπηλάκισα --- προπεπηλάκισμαι προυπηλακίσθην: bespatter with mud; mistreat insultingly

πρός: from the side of, in the presence of (+gen.); near, at, in addition to (+dat.); to, towards, in relation to (+acc.)

προσάγω προσάξω προσήγαγον προσῆχα προσῆγμαι προσήχθην: supply, add, bring to, apply

προσαιρέομαι: choose for oneself

προσβοηθέω: come to aid

προσδέω: need besides

πρόσειμι: approach; (of revenue) to come in

προσεῖπον, used as aor. 2 of προσαγορεύω and προσφωνέω: speak to one, address, accost

προσήκω προσήξω: belong to, have to do with; be fitting for (+dat.); arrive at; οἱ προσήκοντες relatives; τὰ προσήκοντα duties

προσκαρτερέω: remain in attendance with (+ dat.)

πρόσοδος -ου ἡ: income

προστίθημι προσθήσω προσέθηκα προστέθηκα προστέθειμαι (but commonly προσκεῖμαι instead) προσετέθην: add; (med.) join

πρόσφορος -ον: needed, useful, profitable

πρόσχημα -ατος τό: aspect; exterior appearance; dress; pretext

πρόσωθεν: from long ago

πρόσωπον -ου τό: face, mask, person

πρότερος -α -ον: before, earlier; (adv.) τὸ πρότερον previously, before

πρόφασις -εως ἡ: allegation; excuse, pretext

Vocabulary

πρυτάνειος -α -ον: of/belonging to the prytanies

πρύτανις -εως ὁ: prytanis, member of the tribe presiding in the Athenian βουλή or ἐκκλησία

πρῶτος -η -ον: first, foremost, earliest; (adv.) τὸ πρῶτον in the first place

Πύθια -ων τά: the Pythian games

πύλη -ης ἡ: gate

πυνθάνομαι πεύσομαι 2 aor. ἐπυθόμην --- πέπυσμαι ---: learn, hear, inquire concerning (+gen.)

πῦρ πυρός τό: fire

πω: up to this time, yet

πωλέομαι ἐπωλήθην: go up and down, go to and fro

πώποτε: ever yet

πως: (enclitic) somehow, in some way, in any way

πῶς: how?

ῥᾴδιος -α -ον: easy

ῥάθυμος -ον: light-hearted, careless

ῥέω ῥυήσομαι --- ἐρρύηκα --- ἐρρύην: flow, run, stream

ῥήτωρ -ος ὁ: public speaker, orator

Σαλαμίς -ῖνος ἡ: Salamis

Σάτυρος -ου ὁ: Satyros

Σαυρίας -ου ὁ: Saurias

σαφής -ές: clear, distinct, plain

σεμνός -ή -όν: holy; august

σημεῖον -ου τό: sign, signal, mark

Σῖμος -ου ὁ: Simos

Σίμων -ωνος ὁ: Simon

Against Neaira

Σινώπη -ης ἡ: Sinope

σῖτος -ου ὁ: grain; bread

σκάφος -εος τό: a ship

σκέπτομαι (σκοπέω) σκέψομαι ἐσκεψάμην --- ἔσκεμμαι ---: examine

σκοπέω σκοπήσω ἐσκόπησα: look at, watch; look into, consider, examine

Σκῦρος -ου ἡ: Skyros, an island northwest of Chios, with a city of the same name, or, a town in Lesser Phrygia

σοβαρός -ά -όν: rushing, swift; proud, haughty, pompous; imposing

σός -ή -όν: your, yours (sg.; ὑμέτερος = pl.)

σοφιστής -οῦ ὁ: wise man; sophist

σοφός -ή -όν: wise, clever, skilled

σπουδάζω σπουδάσομαι ἐσπούδασα ἐσπούδακα ἐσπούδασμαι ἐσπουδάσθην: make haste, be eager, do hastily

σταδιοδρομέω: run in the stadium

στάδιον -ου τό (pl. στάδια and στάδιοι): stadion or stade, the longest Greek unit of linear measure, about 185 meters

Στέφανος -ου ὁ: Stephanos

στήλη -ης ἡ: stone slab inscribed with record of victories, dedications, votes of thanks, treaties, laws, decrees, etc.

στοά -ᾶς ἡ: a portico, roofed colonnade

στόμα -ατος τό: mouth, face, opening

στρατεία -ας ἡ: expedition, campaign

στρατεύω στρατεύσω ἐστράτευσα ἐστράτευκα ἐστράτευμαι ἐστρατεύθην: serve in war; march against

στρατηγός -οῦ ὁ: leader of an army, commander, general

στρατιά -ᾶς ἡ: army

στρατιώτης -ου ὁ: soldier

Vocabulary

στρατιωτικός -ά -όν: of or for soldiers

Στρατόλα -ης ἡ: Stratola

στρατόπεδον -ου τό: camp, army

στρατός -οῦ ὁ: army

Στρυβήλη -ης ἡ: Strybele

σύ σοῦ, (pl.) ὑμεῖς ὑμῶν: you

συγγενής -ές: of the same kin, descent, or family; (subst.) kinsman, relative

συγγίγνομαι -γενήσομαι -εγενόμην -γέγονα -γεγένημαι ---: be in company with; have sex with

συγγνώμη -ης ἡ: forbearance, allowance, pardon

συγχωρέω συγχωρήσω: make a compromise, concede, yield

συκοφαντέω συκοφαντήσω ἐσυκοφάντησα σεσυκοφάντηκα σεσυκοφάντημαι ἐσυκοφαντήθην: accuse falsely, slander, calumniate

συκοφάντης -ου ὁ: a false accuser, slanderer

συλλέγω συλλέξομαι συνέλεξα συνείλοχα συνείλεγμαι συνελέχθην (or συνελέγην): collect, get together

συλλήβδην: collectively, en masse

συμβαίνω συμβήσομαι 2 aor. συνέβην συμβέβηκα --- ---: meet, come to an agreement, correspond; happen, occur, come to pass; turn out in a certain way (+adv.), result

συμβάλλω συμβαλῶ συμέβαλον συμβέβληκα συμβέβλημαι συμεβλήθην: throw together, meet, unite; contribute

συμμαχία -ας ἡ: alliance

συμμάχομαι: fight along with

σύμμαχος -ον: allied with (+dat.); οἱ σύμμαχοι allies

σύμμαχος -ου ὁ: ally

συμπαραγίγνομαι: help

συμπίνω: drink together, join in a drinking bout

Against Neaira

συμφέρω συνοίσω 1 aor. συνήνεγκα: benefit, be useful or profitable to (+dat.); (impers.) συμφέρει it is of use, expedient (+infin.); τὸ συμφέρον use, profit, advantage

συμφορά -ᾶς ἡ: event, circumstance, misfortune

σύν: with (+dat. of accompaniment or means)

συναγορεύω: join in advocating, advocate the same

συνάγω συνάξω συνήγαγον συνῆχα συνῆγμαι συνήχθην: bring together, unite, contract

συνακολουθέω: follow closely, to accompany

συναπόλλυμι συναπολῶ συναπώλεσα συναπολώλεκα --- συναπωλέσθην: destroy together; (mid.) perish together

συνδειπνέω συνδειπνήσω συνεδείπνησα συνδεδείπνηκα --- ---: dine with

συνέδριον -ου τό: council

σύνειμι συνέσομαι --- --- --- ---: be with, live, have dealings with

συνελευθερόω: join in freeing from

συνέρχομαι συνελεύσομαι συνῆλθον συνελήλυθα --- ---: go together, assemble, meet

συνευπορέω: contribute towards (+gen.)

συνηγορία -ας ἡ: advocacy of another's cause

συνήγορος -ου ὁ: an advocate, supporting speaker

συνναυμαχέω: engage in a sea-fight along with

σύνοδος -ου ὁ/ἡ: meeting; council

σύνοιδα: be aware, know

συνοικέω συνοικήσω συνῴκησα συνῴκηκα συνῴκημαι συνῳκήθην: dwell together, live together

συνοικίζω: combine or join in one city

συνοράω: see, perceive

συνουσία -ας ἡ: relationship, closeness; meeting, conversation; party

Vocabulary

συντάσσω συντάξω συνέταξα συντέταχα συντέταγμαι συνετάχθην: put in array, arrange

συσκευάζω: (mid.) pack up baggage

συσσυκοφαντέω: join in giving false information

συχνός -ή -όν: long, large, great

σχῆμα -ατος τό: form, figure, appearance, character

σῴζω σώσω ἔσωσα σέσωκα σέσωσμαι/σέσωμαι ἐσώθην: save

Σωκρατίδης -ου ὁ: Sokratides

σῶμα -ατος τό: body

Σωτάδης -ου ὁ: Sotades

σωτηρία -ας ἡ: safety, deliverance

σωφρονέω σωφρονήσω ἐσωφρόνησα σεσωφρόνηκα σεσωφρόνημαι ---: be temperate, be moderate, be chaste

σωφροσύνη -ης ἡ: prudence, self-control, moderation

σώφρων -ον: of sound mind, discreet, self-controlled

τάλαντον -ου τό: talent (large sum of silver=6000 drachmas)

τάξις -εως ἡ: arrangement, order; military unit

τάσσω τάξω ἔταξα τέταχα τέταγμαι ἐτάχθην: arrange, put in order

ταὐτός -ή -όν: identical

τάχιστος -η -ον: swiftest; τάχιστα (adv.) most quickly, most speedily, ὅτι τάχιστα as soon as may be, as soon as possible

τάχος -ους τό: speed, quickness

ταχύς -εῖα -ύ: quick, fast; (adv.) τάχα quickly; perhaps

τε: and; τε…τε both…and

τέθριππος -ον: with four horses abreast, four-horsed

τεῖχος -ους τό: wall

τεκμήριον -ου τό: sign; proof

τέκνον -ου τό: child

τέλειος -α -ον: finished, completed, perfect

τελετή -ῆς ἡ: religious rite, initiation in the mysteries, festival accompanied by initiation rites

τελευταῖος -α -ον: last, uttermost

τελευτάω τελευτήσω ἐτελεύτησα τετελεύτηκα τετελεύτημαι ἐτελευτήθην: finish; die

τέλος -ους τό: end, fulfillment, achievement

τέμνω τεμῶ 2 aor. ἔτεμον -τέτμηκα τέτμημαι ἐτμήθην: cut, cut down, cut to pieces

τέταρτος -η -ον: fourth

τέτταρες -α: four

τέχνη -ης ἡ: art, skill, craft

τηλικοῦτος -αύτη -οῦτον: of such an age or size

τηρέω τηρήσω ἐτήρησα τετήρηκα τετήρημαι ἐτηρήθην: look out, watch for

τίθημι θήσω ἔθηκα τέθηκα τέθειμαι (but usu. κεῖμαι instead) ἐτέθην: put, place; establish, ordain, institute; put in a certain state

τίκτω τέξω or τέξομαι ἔτεκον τέτοκα τέτεγμαι ἐτέχθην: beget, give birth to, produce

Τιμανορίδας -ου ὁ: Timanoridas

τιμάω τιμήσω ἐτίμησα τετίμηκα τετίμημαι ἐτιμήθην: honor

τιμή -ῆς ἡ: honor, esteem; price, value; office, magistracy

τίμημα -ατος τό: penalty, fine

Τιμόστρατος -ου ὁ: Timostratos

τιμωρέω τιμωρήσω ἐτιμωρησάμην τετιμώρηκα τετιμώρημαι ἐτιμωρήθην: take vengeance upon; help, avenge (+dat.)

τιμωρία -ας ἡ: help, vengeance, torture

τις τι: someone, something, anyone, anything, some, any (enclitic indef. pron./adj.)

Vocabulary

τίς τί: who? what? which? (interrog. pron./adj.)

τοίνυν (τοί-νυν): therefore, accordingly (inferential); further, moreover (transitional)

τοιόσδε -άδε -όνδε: such (as this), of such a sort (as this)

τοιοῦτος -αύτη -οῦτο: such, of such a sort

τοκοφορέω: pay interest

τολμάω τολμήσω ἐτόλμησα τετόλμηκα τετόλμημαι ἐτολμήθην: have the courage, dare; undertake, undergo

τόπος -ου ὁ: place; topic

τοσοῦτος -αύτη -οῦτο(ν): so large, so much

τότε: then, at that time; οἱ τότε the men of that time (opp. οἱ νῦν)

τράπεζα -ης ἡ: a table, dinner

τρεῖς -ία: three

τρέπω τρέψω ἔτρεψα τέτροφα τέτραμμαι ἐτράπην: turn, direct towards a thing; put to flight, defeat; (pass.) turn one's steps in a certain direction, go

τρέφω θρέψω ἔθρεψα τέτροφα τέθραμμαι ἐτράφην: nourish, feed, support, maintain; rear, educate

τριάκοντα: thirty

τριακοστός -ή -όν: thirtieth

τριήρης -ους ἡ: trireme, a kind of warship

τρίπους -οδος: sacrificial tripod

τρίτος -η -ον: third

τρόπος -ου ὁ: way, manner, fashion; way of life, habit, custom

τροφή -ῆς ἡ: nourishment, food

τυγχάνω τεύξομαι ἔτυχον τετύχηκα τέτυγμαι ἐτύχθην: hit, light upon, meet by chance (+gen.); reach, gain, obtain; happen to be (+ptc.)

τύχη -ης ἡ: luck, fortune (good or bad), fate, chance

Against Neaira

ὑβρίζω ὑβριζιῶ ὕβρισα ὕβρικα ὕβρισμαι ὑβρίσθην: insult, offend, disrespect

ὕβρις -εως ἡ: violence; insolence; an outrage; violation, rape

ὑγιαίνω ὑγιανῶ ὑγίᾱνα (Ion. ὑγίηνα): be sound, healthy

ὑγιής -ές: healthy

ὕδωρ -ατος τό: water

υἱός -οῦ ὁ: son

ὑμέτερος -α -ον: your, yours (pl.; σός = sg.)

ὑπάρχω ὑπάρξω ὑπῆρξα --- ὑπῆργμαι ὑπήρχθην: exist, be, belong to; τὰ ὑπάρχοντα existing circumstances

ὑπεξέρχομαι --- ὑπεξῆλθον ὑπεξελήλυθα --- ---: go out secretly, escape

ὑπέρ: for (+gen), beyond (+acc.)

ὑπερβαίνω ὑπερβήσομαι ὑπερέβην ὑπερβέβηκα --- ---: step over, mount, scale

ὑπερεξακισχίλιοι -αι -α: over six thousand

ὑπερέχω ὑπερσχήσω/ὑπερέξω ὑπερέσχον ὑπερέσχηκα ὑπερέσχημαι ὑπερεσχέθην: excel

ὑπέρχομαι ὑπελεύσομαι/ὕπειμι ὑπῆλθον ὑπελήλυθα --- ---: fawn upon, insinuate oneself into another's good graces

ὑπηρετέω ὑπηρετήσω ὑπηρέτησα ὑπηρέτηκα ὑπηρέτημαι ὑπηρετήθην: minister to, serve (+dat.)

ὑπό: under (+gen., dat.); by (+gen. of personal agent); down under (+acc.)

ὑποδέχομαι ὑποδέξομαι ὑπεδεξάμην --- --- ὑπεδέχθην: receive, entertain; promise

ὑποκριτής -οῦ ὁ: an interpreter, actor

ὑπολαμβάνω ὑπολήψομαι ὑπέλαβον ὑπείληφα ὑπείλημμαι ὑπελήφθην: take up, seize; answer, reply; assume, suppose

ὑπόλοιπος -ον: left behind, staying behind

ὑπομένω ὑπομενῶ ὑπέμεινα ὑπομεμένηκα --- ---: stay behind, survive, abide

ὑπόμνημα -ατος τό: a remembrance, memorial

Vocabulary

ὑποπίπτω ὑποπεσοῦμαι ὑπέπεσον ὑποπέπτωκα --- ---: fall under; fall under the sway or influence of (+dat.)

ὑποφέρω ὑποίσω ὑπήνεγκα/ὑπήνεγκον ὑπενήνοχα ὑπενήνεγμαι ὑπηνέχθην: carry away under

ὑστερίζω: come after, come too late

ὕστερον: behind, later

ὕστερος -α -ον: coming after, following (+gen.); next, later; (adv.) ὕστερον afterwards

φαίνω φανῶ ἔφηνα πέφηνα πέφασμαι ἐφάνην: bring to light, make appear, make clear; (pass.) come to light, be seen, appear, appear to be (+ptc. or infin.)

Φαληρεύς: Phalerian, inhabiting Phaleron

φανερός -ά -όν: clear, evident

Φανώ Φανοῦς (acc. Φανώ) ἡ: Phano

φάσκω: say, affirm, claim; think, deem

φέρω οἴσω 1 aor. ἤνεγκα 2 aor. ἤνεγκον ἐνήνοχα ἐνήνεγμαι ἠνέχθην: carry, bring, fetch; carry off or away; φέρε come now, well

φεύγω φεύξομαι ἔφυγον πέφευγα --- ---: flee, run away, avoid, shun

φημί (impf. ἔφην) φήσω ἔφησα --- --- ---: say, assert, declare; οὐ φημί deny, refuse, say that...not

φθάνω φθήσομαι ἔφθασα (or ἔφθην) --- --- ---: be before, outstrip

φθονέω φθονήσω ἐφθόνησα --- ἐφθόνημαι ἐφθονήθην: bear ill-will

Φίλα -ας ἡ: Phila

Φίλαγρος -ου ὁ: Philagros

φιλέω φιλήσω ἐφίλησα πεφίλημαι ἐφιλήθην: like (to do), be usual, happen commonly

Φίλιππος -ου ὁ: Philip II of Macedon

φίλος -ου ὁ: friend

φίλος -η -ον: beloved, dear; friendly

Against Neaira

Φιλόστρατος -ου ὁ: Philostratos

φιλοτιμία -ας ἡ: love of distinction, ambition

φοβέω φοβήσω ἐφόβησα --- πεφόβημαι ἐφοβήθην: put to flight; (mid. and pass.) flee, fear

φόβος -ου ὁ: panic, fear, flight

Φοῖβος -ου ὁ: Phoebus, epithet of Apollo, probably as god of light

φόνος -ου ὁ: murder, slaughter, corpse

Φόρμος -ου ὁ: Phormos

φράζω φράσω ἔφρασα πέφρακα πέφρασμαι ἐφράσθην: tell, declare; (mid. and pass.) think (about)

Φρασικλείδης -ου ὁ: Phrasikleides

Φράστωρ -ορος ὁ: Phrastor

φράτηρ -ερος ὁ: a member of the same phratry, clansman

φρονέω φρονήσω ἐφρόνησα: think, intend to (+infin.); be minded towards (+adv. and dat.)

Φρυνίων -ωνος ὁ: Phrynion

φύλαξ -ακος ὁ: watchman, guardian

φυλάσσω φυλάξω ἐφύλαξα πεφύλαχα πεφύλαγμαι ἐφυλάχθην: watch, guard, defend; (mid.) be on one's guard against (+acc.)

φυλή -ῆς ἡ: tribe, clan

φυσάω φυσήσω ἐφύσησα --- πεφύσημαι ἐφυσήθην: blow up, puff up (with pride)

φύσις -εως ἡ: nature; (of the mind) one's nature or disposition; regular order of nature

φύω φύσω ἔφυσα: bring forth, produce, beget; 2 aor. ἔφυν grew, pf. πέφυκα be by nature

Φωκεύς -έως ὁ: a Phokian

φωνή -ῆς ἡ: sound, voice

Vocabulary

φῶς -ωτός τό: light, daylight

Χαβρίας -ου ὁ: Chabrias

χαίρω χαιρήσω ἐχαίρησα κεχάρηκα κεχάρημαι, ἐχάρην: be happy, rejoice at (+dat.), take joy in (+ptc.); χαῖρε, (pl.) χαίρετε hello, goodbye

χαλεπός -ή -όν: difficult, troublesome

χαλκοῦς -ῆ -οῦν: of copper or bronze

χάρις -ιτος ἡ: splendor, honor, glory; favor, goodwill, gratitude, thanks

Χαρίσιος -ου ὁ: Charisios

χείρ χειρός ἡ: hand

χειροτονέω χειροτονήσω ἐχειροτόνησα κεχειροτόνηκα κεχειροτόνημαι ἐχειροτονήθην: elect by a show of hands

χείρων -ον: worse, inferior (comp. of κακός)

Χερσόνησος -ου ἡ: the (Thracian) Chersonese

χίλιοι -αι -α: a thousand

Χῖος -α -ον: Chian, of Chios

Χιωνίδης -ου ὁ: Chionides

χράομαι χρήσομαι ἐχρησάμην κέχρημαι ἐχρήσθην: use, deal with, make use of; be familiar with, have a relationship with, have sex with; experience, suffer (+dat.)

χρή, impf. χρῆν or ἐχρῆν, infin. χρῆναι: it is necessary, it is fated, one ought (+infin. or +acc. and infin.)

χρῆμα -ατος τό: thing, matter; (more commonly in pl.) goods or property, esp. money

χρήσιμος -η -ον: useful, serviceable

χρηστός -ή -όν: useful, good, honest

χρόνος -ου ὁ: time

χρυσίον -ου τό: a piece of gold; gold jewelry

χώρα -ας ἡ: land; place

Against Neaira

χωρίον -ου τό: place, spot, district

χωρίς: separately, apart; (+gen.) without, separate from

ψευδής -ές: false, lying, untrue

ψεύδω ψεύσω ἔψευσα --- ἔψευσμαι ἐψεύσθην: lie, tell untruth

ψηφίζω ψηφιζιῶ ἐψήφισα ἐψήφικα ἐψήφισμαι ἐψηφίσθην: vote

ψήφισμα -ατος τό: decree, motion

ψῆφος -ου ἡ: small stone; vote; judgment

ψιθυριστής -οῦ ὁ: a whisperer; a slanderer

ψυχαγωγέω: persuade, allure, cajole

ψυχή -ῆς ἡ: breath, life, soul

ὦ: oh! (unemphatic when with the vocative)

ὧδε: thus, in this way; hither, here

Ὠιδεῖον -ου τό: Odeon, a building built for music, singing exercises, musical shows, poetry competitions, and the like; the Odeon of Pericles

ὠνέομαι (imperf. ἐωνούμην) ὠνήσομαι ἐπριάμην --- ἐώνημαι ἐωνήθην: buy

ὡς: as, since; (introducing purpose clause) so that (+subj./opt.); (introducing indir. statement) that

ὥσπερ: just as, as if

ὥστε: (introducing natural or actual result clause) so as, so that, (with the result) that

ὠφελέω ὠφελήσω ὠφέλησα ὠφέληκα ὠφέλημαι ὠφελήθην: help, assist, succor

www.ingramcontent.com/pod-product-compliance
Lightning Source LLC
Chambersburg PA
CBHW050320120526
44592CB00014B/1986